LUDWIG
MAURER

FLEISCH

Rezepte und Praxiswissen zu besonderen Fleischstücken

Fotografie: Florian Bolk

Matthaes Verlag GmbH

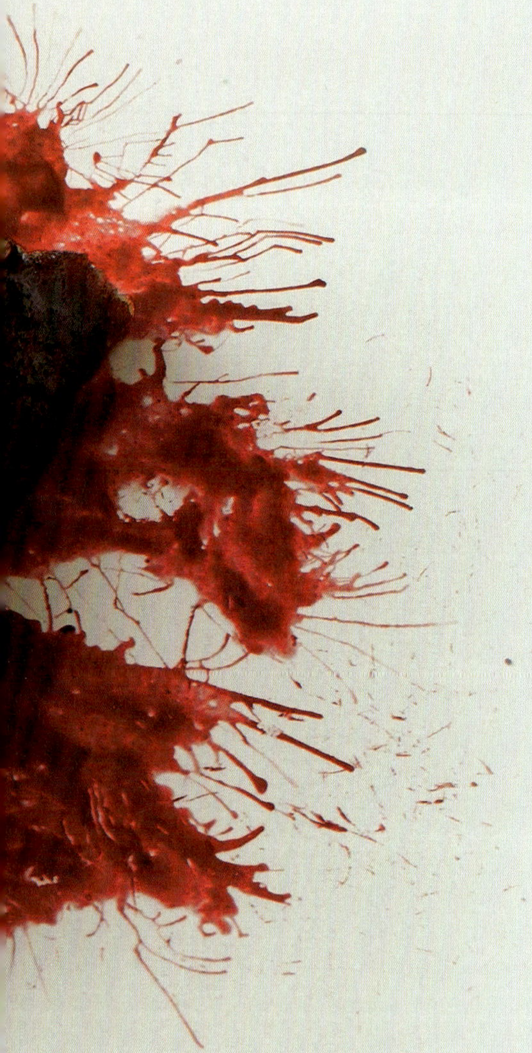

INHALT

EINLEITUNG

NUTZTIERRASSEN UND AUFZUCHT

REZEPTE

VOM TIER ZUM FLEISCH

RESPEKT!

Ich bin in einem traditionsreichen bayerischen Gasthaus aufgewachsen. Deshalb war in meiner Familie Fleisch etwas ständig Verfügbares, das im Kühlhaus gleich neben den Kartoffeln gelagert wurde. Anfangs besaß es für mich auch keinen besonderen Stellenwert. Es war einfach ein Lebensmittel.

Wir hatten schon immer unsere eigenen Schweine und für mich war es als Kind ganz normal, dass meine Spielgefährten irgendwann abgeholt wurden und daraus die gute Wurst und der Sonntagsbraten entstanden. Und in den Ferien besuchten mein Bruder und ich jedes Jahr meine Großeltern. Diese führten eine bäuerliche Landwirtschaft und produzierten von Getreide, Milch, Eiern, Fleisch und Wurst oder Honig, bis zur Butter alles selbst. Das hat mir bereits damals gut gefallen und mein Wunsch war es, diesen Hof später einmal zu übernehmen.

Es folgten meine Jahre als Koch, in denen ich Tausende Kilos Fleisch verarbeitete und es lediglich als Rohstoff oder Produkt wahrnahm. Ich machte mir nicht wirklich Gedanken über Herkunft, Ursprung, Verfügbarkeit und Nachhaltigkeit.
Nach meinen „wilden" Jahren entschloss ich mich dann, den Bauernhof meiner Großeltern, den mittlerweile meine Eltern führten, zusammen mit meiner Frau zu übernehmen und wir nahmen uns fest vor, alles richtig zu machen. Wir fingen ganz klein, mit vier Kühen, an. Von den ersten vier Kälbern, die auf unserem Hof zur Welt kamen, waren drei Bullen und uns war klar, dass das Fleisch dieser Tiere mit für unseren zukünftigen Lebensunterhalt sorgen sollte.

An dem Tag, an dem wir den ersten Ochsen schlachteten, war mir den ganzen Tag über schlecht. Schon die Nacht zuvor konnte ich nicht schlafen. Ich habe mich bei dem was ich tat extrem schlecht gefühlt. Als ich dann sah, wie gewaltig der Schlachtkörper eines solchen Tieres ist, und was davon letztendlich als Edelteile verwendet wird, war ich entsetzt. Deshalb habe ich in diesem Buch versucht, alle Teile des Tieres zu verarbeiten und bewusst auf die gängigen Edelstücke verzichtet. Manches mag zu Beginn vielleicht skurril oder eventuell sogar abstoßend wirken, denn Innereien, die man in manchen Ländern oder Bundesländern als Delikatesse zubereitet, finden viele Menschen nicht unbedingt appetitlich. Mithilfe moderner Kochtechniken habe ich Teile, die normalerweise nur in der Wurst Verwendung finden, neu interpretiert und war überrascht, welch ungewohnter Geschmack und Textur sich daraus ergaben.

Viele Gerichte entwickelten sich spontan, nachdem ich meine Metzger fragte, ob sie mir die ein oder andere Seltenheit zurücklegen könnten. Nur zu oft hörte ich den Satz: „Was willst du denn damit?" Und darauf auch gleich eine Anekdote: „Weißt du, was wir früher daraus gemacht haben?"
Auf diese Weise sind einzigartige Gerichte entstanden, die so niemals geplant waren.

In einer Zeit, in der vegetarische und vegane Ernährung eine so große Rolle spielen, ist mir eines besonders wichtig: Wenn man sich für die Ernährung mit Fleisch entscheidet, sollte die oberste Priorität auf dem ethischen und respektvollen Umgang mit Tieren sowie der vollständigen Verarbeitung liegen, um nichts bewusst zu verschwenden.

Mir ist klar geworden, und das möchte ich mit diesem Buch deutlich zeigen, dass in dem wichtigen Wort „Lebensmittel" noch ein viel wichtigeres Wort steckt: LEBEN!

Ludwig Maurer

JOHN DEERE

Solange Menschen denken, dass Tiere nicht fühlen, müssen Tiere fühlen, dass Menschen nicht denken!

Arthur Schopenhauer, deutscher Philosoph (1788 - 1860)

DE 09 837
25 846

Fleisch, ein Nahrungs- und auch "Lebens"-mittel

Ethik ist die Wissenschaft von der Moral. Dass diese bis heute einen schweren Stand gegenüber den „Gesetzen des Marktes“ hat, ist leicht verständlich. Die Phase der Nahrungsmittelerzeugung, in der aus dem lebenden Tier Fleisch wird, ist für den Menschen unangenehm und wird häufig tabuisiert. Dabei ist das Betäuben und Töten von Tieren nicht nur im Bewusstsein Außenstehender, sondern auch für alle am Schlachthof Beschäftigten eine unbeliebte Verrichtung. Doch selbst wenn wir uns bewusst dazu entscheiden, Tiere für unsere Ernährung zu nutzen, so ist nach Gotthard M. Teutsch die Tötung von Lebewesen überhaupt nur dann zu entschuldigen, wenn sie angst- und schmerzfrei erfolgt: „Ein gnädiger Tod wäre doch wohl das Mindeste, was wir unseren Nutztieren schuldig sind!“[1]

1 Teutsch, Mensch und Tier: Lexikon der Tierschutzethik, 1987

GRIASS DI BUA!

...was ist bloß aus dem Lucki g´wordn?

Schon bei unserem ersten Zusammentreffen 2003 – Lucki kam zu meinem Kochkurs – war klar, dass die Chemie zwischen uns stimmt. Deine Präsenz bei allem, was du tust – egal, ob beim Kochen, Referieren, Musizieren, Feiern oder, wenn du dein Know-how an Kollegen weitergibst – ist einfach sensationell und sucht seinesgleichen.

Du bist ein Mann, der weiß was er will und auch erreicht was er will. Dabei ist deine Vorgehensweise geprägt von Klarheit, Freundlichkeit und Kollegialität. Egal ob als Koch, Bauer oder Musiker – immer stehst du für Perfektion, ohne dabei aber den Spaß und die Leichtigkeit dafür zu opfern.

Ein Spruch von dir begleitet mich immer:

„Scheiß dir nix, dann feid dir nix!"

Mit diesem Motto lebt es sich auch für mich in vielen Situationen leichter. Danke dafür. Du bist ein Vorbild für viele Menschen und dich als Freund zu haben ist „voll geil ey!" (haha!)

Rock die Bühnen dieser Welt und, wenn du mich brauchst, bin ich dabei!
Dein Stefan Marquard

BRÜDER IM GEISTE

Das erste Mal traf ich auf Lucki, da gab es unser Unternehmen noch gar nicht. Das ist jetzt etwa zwölf Jahre her – damals kochte er auf einem Gourmetfestival im Team von Stefan Marquard und ist mir durch seine entspannte und lockere Art im Gedächtnis geblieben. Von seinem wilden Erscheinungsbild ganz zu schweigen.

Vier Jahre später – wir hatten gerade Otto Gourmet gegründet – entschlossen wir uns dann, die Schergengruber Lämmer von Lucki in Deutschland zu vermarkten, da uns die Haltung und Aufzucht dieser Lämmer absolut begeisterte.

Seit einigen Jahren konzentriert sich Lucki zu 100 Prozent auf seine Wagyu-Zucht, sodass wir keinen direkten geschäftlichen Kontakt mehr haben, aber trotzdem zu Brüdern im Geiste geworden sind. Für den Außenstehenden mag dies vielleicht seltsam klingen, jedoch verbindet uns sehr viel: In allererster Linie natürlich der kulinarische Qualitätsanspruch. Das heißt, alle Produkte müssen einen Genussfaktor aufweisen. Zum zweiten aber der Anspruch an das Gewissen. Will heißen, die Tiere müssen artgerecht gehalten werden, ihnen muss genügend Lebensraum zur Verfügung stehen und sie müssen mit dem allerbesten Futter versorgt werden.

Und wenn man das Leben beendet, dann soll es so schonend wie möglich passieren. Respekt vor dem Tier ist unabdingbar – dies kann man nicht erziehen, es ist eine persönliche Lebenseinstellung.

Darüber hinaus gehört natürlich auch dazu, dass man sich schließlich nicht nur mit den Edelteilen eines Tieres beschäftigt (was leider die meisten machen), sondern man das komplette Tier respektvoll verarbeitet – und an dieser Stelle bin ich wieder bei der Seelenverwandtschaft.

Auch Lucki ist dies sehr wichtig und durch gemeinsames Kochen in den vergangenen Jahren durfte ich viele Zubereitungsarten von Stücken erleben, die ich bis dato selbst noch nicht kannte. Ich musste feststellen, das diese ja viel spannender und kulinarisch eigentlich wertvoller sind als die üblichen Filets, Hüften oder Roastbeefs.

Lieber Lucki, aus all diesen Gründen freue ich mich, dass du deine Lebenseinstellung und deine kulinarische Experimentierfreudigkeit nun einem größeren Publikum präsentieren kannst, als immer nur den Ottos, wenn diese mal wieder in die heile Welt des Bayerischen Waldes eintauchen wollen und dich auf deinem Hof besuchen.

Bleib wie du bist,
Wolfgang Otto

OTTO
GOURMET
GUTES

NUTZTIERRASSEN UND AUFZUCHT

RASSEPORTRÄT | RIND

ANGUS

Die einfarbig schwarzen oder roten Angusrinder weisen einen leichten Kopf, feine Gliedmaßen sowie feste Klauen mit einem langen, tiefen Körperbau auf. Sie zeichnet die frühe erste Abkalbung mit einem Alter von maximal 27 Monaten aus. Das überdurchschnittliche Futteraufnahmevermögen befähigt die Anguskuh, auch unter schwierigen Umweltbedingungen ihr hohes Leistungspotenzial abzurufen. Auch weniger wertvolles Futter setzt das Tier in hohe, lang anhaltende Milchleistungen um. Diese Merkmalskombination macht Angus weltweit zu einer der erfolgreichsten Rassen mit hoher Exportnachfrage. Besondere Vorzüge sind weiterhin die genetisch bedingte ausgeprägte Marmorierung und Feinfaserigkeit des Fleisches.

AUBRAC

Das Haarkleid der Aubrac-Rasse ist einfarbig fahlgelb bis weizengrau, bei den männlichen Tieren ist die Halspartie deutlich dunkler bis schwarz. Maul- und Augenringe sind weiß mit schwarzer Umrandung. Die Ränder der Ohren sind dunkel. Der Kopf ist länglich und hat ein breites Flotzmaul. Die Keule zeigt eine ausgeprägte Muskulatur. Die Rasse eignet sich zur Nutzung extensiver Standorte, sie ist genügsam und widerstandsfähig, eine ganzjährige Freilandhaltung bietet sich an.

BLONDE D'AQUITAINE

Das kurze Haarkleid dieser Rasse ist einfarbig bis weizenfarben mit Aufhellungen um Augen und Flotzmaul, an der Innenseite der Extremitäten und an der Bauchunterseite. Die Tiere haben einen feingliedrigen Knochenbau und eine feine Haut. Die Bemuskelung ist in allen fleischtragenden Partien sehr gut entwickelt. Weitere Vorzüge sind die Langlebigkeit bei guter Fruchtbarkeit sowie die ebenfalls guten Muttereigenschaften. Die Rasse zeichnet sich durch eine hohe Schlachtausbeute aus.

GALLOWAY

Eine Rasse mit einfarbig schwarzem Haarkleid, gelegentlich etwas Weiß an der Unterseite hinter dem Nabel. Haut, Flotzmaul, Klauen und Haarspitzen sind schwarz pigmentiert. Den Tieren wächst ein sehr dichtes Winterfell, im Sommer sind sie kurzhaarig. Der Kopf ist mittelgroß und hat eine breite Stirn. Die Tiere zeigen einen vollen, ausgeprägten Fleischansatz an Schulter, Rücken und Keule. Das relativ anspruchslose Rind ist für die ganzjährige Freilandhaltung besonders geeignet. Neben einer hohen Fruchtbarkeit zeichnen sich die Kühe durch Langlebigkeit und hohe Milchleistung aus.

CHAROLAIS

Das Charolais ist ein einfarbig weißes bis cremefarbenes Rind. Flotzmaul, Klauen und Hörner sind hell. Der Körper ist groß, breit, tief und lang. Die Tiere zeichnen sich durch ihre ruhige und gutmütige Art aus. Sie eignen sich für die Weidehaltung und verfügen über eine ausgeprägte Bemuskelung an Schultern, Rücken, Lende, Becken und besonders an der Keule mit relativ geringer Fettein- und -auflagerung. Die Kühe besitzen gute Muttereigenschaften und bilden ausreichend Milch.

FLECKVIEH (SIMMENTALER)

Das gescheckte Haarkleid weist alle Farbabstufungen vom dunklen Rotbraun bis zum hellen Gelb auf weißem Grund auf. Ein wichtiges Rassekennzeichen bildet der weiße Kopf (wobei Augenringe bzw. Pigmente im Augenbereich häufig vorkommen), der dominant vererbt wird, mit breitem Flotzmaul. Weiß sind außerdem Unterbauch, Beine und Schwanzquaste. Die Rasse ist mittel- bis großrahmig und zeigt gute Bemuskelung mit geringer Verfettung an allen wichtigen Körperpartien. Die Kühe weisen funktionale Euter und beste Muttereigenschaften auf. Sie zeichnen sich durch sehr gute Fruchtbarkeit, Anpassungsfähigkeit und Umgänglichkeit aus. Hervorstechendes Merkmal der Fleckviehkühe ist der Milchreichtum.

ANGUS

GALLOWAY

AUBRAC

CHAROLAIS

BLONDE D'AQUITAINE

FLECKVIEH

RASSEPORTRÄT | RIND

HIGHLAND (SCHOTTISCHES HOCHLANDRIND)

Die Farben der robusten Tiere sind rot, schwarz, gelb, gestromt, graubraun und nur selten weiß. Sie weisen einen kurzen, dreieckigen Kopf, ein kräftiges Fundament, einen gut bemuskelten Rücken und gut ausgebildete, fleischige Keulen auf. Zum Schutz vor Kälte, Regen und Hitze sollte das den ganzen Körper bedeckende Fell üppig im Unterhaar und lang im Oberhaar sein. Dadurch eignet es sich besonders zur ganzjährigen Freilandhaltung sowie für die Haltung auf extensiv genutzten Grünland- und Naturschutzflächen. Des Weiteren zeichnet es sich durch Leichtkalbigkeit und gute Mutterkuheigenschaften aus. Die traditionellen Rasseneigenschaften und die natürliche Haltungsform sind die Grundlage für eine hervorragende Fleischqualität.

LIMOUSIN

Das Limousin-Rind ist einfarbig rot (hell- bis dunkelrot). Füße, Flotzmaul und Augenumgebung sind aufgehellt. Die Kühe zeichnen sich durch regelmäßige Trächtigkeit und Langlebigkeit aus. Der relativ kleine Verdauungstrakt, verbunden mit feinem Knochenbau und großer Fleischfülle, garantiert eine hohe Ausschlachtung. Die Rasse weist in allen Kategorien eine geringe Fettabdeckung auf, während die Fetteinlagerung in den Muskeln bei ausgemästeten Tieren gut ist. Das Fleisch ist in der Faser fein. Die Rasse ist robust und kommt mit unterschiedlichen Witterungseinflüssen gut klar.

PIEMONTESER

Die Farbe des kurzen, dichten Haarkleides dieser Rasse reicht von Weiß bis Weizenfarben oder Grau. Bullen neigen zu einer kräftigeren Färbung am Kopf, besonders um die Augen und am Hals sowie an den unteren Körperpartien und der Hinterhand. Die besondere Veranlagung zur Fleischbildung zeigt sich durch eine sehr plastische Bemuskelung aller fleischtragenden Körperteile. Neben seiner Langlebigkeit zeichnet sich das Piemonteser-Rind durch Widerstandskraft gegen wechselnde Klimaeinflüsse, Leichtfuttrigkeit, Fruchtbarkeit und eine gute Milchleistung zur Aufzucht von eigenen Kälbern aus.

WAGYU

Wagyu sind international auch als „Japanisches Schwarzes Rind" oder „Kobe-Rind" bekannt. In Deutschland wird ein Rind mit einfarbigem, kurzem, glattem Haarkleid, in Schwarz oder Rot bis Rotbraun gezüchtet. Es besitzt eine harmonische Bemuskelung mit langgestreckter Keulenausbildung und breiter, gut bemuskelter Schulter, extreme Keulenausbildung ist unerwünscht. Die Tiere sind ruhig und gutmütig, sie verfügen über eine gute Weideeignung und die Kühe über gute Muttereigenschaften und ausreichend Milch zur Aufzucht der eigenen Kälber. Ein wichtiges Rassemerkmal ist die Erzeugung exzellenter Schlachtkörper mit extrem hohem Marmorierungsgrad des Fleisches durch einen hohen Anteil an intramuskulärem Fett.

HEREFORD

Auffallend an dieser Rasse ist der sich dominant vererbende weiße Kopf. Sie haben ein mittellanges Haarkleid. Hals, Bauch, Beine und Schwanzquaste sind ebenfalls weiß. Die Tiere weisen einen harmonischen, gut proportionierten Körperbau mit gutem Fleischansatz auf. Neben Frühreife, Fruchtbarkeit, leichten Geburten und Mütterlichkeit zeichnet sich diese Rasse auch durch ein ruhiges Temperament aus. Hervorzuheben ist auch die gute Anpassungsfähigkeit an unterschiedliche Klima- und Haltungsbedingungen.

WELSH BLACK

Die Rasse verfügt über ein einfarbig schwarzes Haarkleid, etwas Weiß an der Unterseite hinter dem Nabel ist erlaubt. Haut, Flotzmaul, Klauen und Haarspitzen sind schwarz pigmentiert. Den Tieren wächst ein sehr dichtes Winterfell, im Sommer sind sie kurzhaarig. Der Kopf ist mittelgroß und hat eine breite Stirn. Die Tiere zeigen einen vollen ausgeprägten Fleischansatz an Schulter, Rücken und Keule. Die Rasse ist über viele Jahrhunderte durch das rauhe Klima und die oft weniger guten Weideverhältnisse seiner walisischen Heimat geprägt, deshalb ist das relativ anspruchslose Rind für die ganzjährige Freilandhaltung besonders geeignet. Neben einer hohen Fruchtbarkeit zeichnen sich die Kühe durch Langlebigkeit und hohe Milchleistung aus.

HIGHLAND (SCHOTTISCHES HOCHLANDRIND)

WAGYU

LIMOUSIN

HEREFORD

PIEMONTESER

WELSH BLACK

RASSEPORTRÄT | SCHWEIN

Fast alle in diesem Buch aufgeführten Schweinerassen verfügen über fetthaltiges und somit sehr aromatisches Fleisch. Sie wurden deshalb bis in die 1950er-Jahre in großer Zahl in Deutschland gezüchtet. Im Zuge des Wirtschaftswunders stieg jedoch die Nachfrage nach magerem und vor allem billigem Schweinefleisch. Aus diesem Grund wurden die alten Schweinerassen von den schnell wachsenden Turboschweinen wie zum Beispiel dem Pietrain verdrängt und nur noch von wenigen Bauern gezüchtet. Erst ab Mitte der 1980er-Jahre begannen engagierte Landwirte, die alten Schweinerassen wieder vermehrt zu züchten, um sie zu erhalten. Parallel dazu stieg die Nachfrage nach hochwertigem, biologisch produziertem Fleisch. Das gab den alten Schweinerassen Aufwind, sodass einige davon heute nicht mehr akut vom Aussterben bedroht sind.

ANGLER SATTELSCHWEIN

Sein ursprüngliches Zuchtgebiet ist die Region Angeln im Nordosten Schleswig-Holsteins, der es auch seinen Namen verdankt. Charakteristisch für das Angler Sattelschwein ist die schwarze Schnauze und das schwarze Hinterteil mit dem weißen „Sattel" über den Schultern und Vorderbeinen. Die Schweine sind anspruchslos, robust, fruchtbar und verfügen über eine hohe Stressresistenz.

BUNTES BENTHEIMER

Seinen Ursprung hat das Bunte Bentheimer Mitte des 19. Jahrhunderts in der Grafschaft Bentheim, dem Emsland und in Cloppenburg, Niedersachsen. In der Nachkriegszeit wurde es stark nachgefragt und im ganzen Bundesgebiet gezüchtet. Das Bunte Bentheimer-Schwein zeichnet sich äußerlich durch unregelmäßige, dunkle Flecken auf hellem Untergrund sowie Schlappohren aus. Die Rasse gilt als fruchtbar, robust und anspruchslos mit guten Muttereigenschaften. Das Fleisch der Schweine weist eine besonders dicke Speckschicht und einen feinen Geschmack auf.

DUROC

Die Duroc-Schweinerasse entstand Ende des 19. Jahrhunderts in den Vereinigten Staaten und gelangte erst spät nach Europa. Die Schweine zeichnen sich durch rotbraune Borsten und mittelgroße Schlappohren aus. Sie sind robust, stressresistent und können auch bei niedrigen Temperaturen im Freien gehalten werden. Sie besitzen ein fein marmoriertes, zartes Fleisch.

IBERICO

Die von der Iberischen Halbinsel stammende, halbwilde Schweinerasse unterscheidet sich auch äußerlich von den meisten in Deutschland gezüchteten Schweinen. Es besitzt eine schwarze Haut und einen, im Vergleich zu anderen Rassen, kleinen Körper. In Spanien wird es als Weideschwein gehalten und vorwiegend mit Eicheln gemästet. Aus diesem Grund besitzt das Fleisch des Iberico-Schweines eine feine, nussige Note, was es in der Spitzengastronomie sehr beliebt macht. Das Fleisch ist zudem von feinen Fettadern durchzogen und deshalb sehr saftig.

MANGALITZA

Das Mangalitza-Schwein wird dank der krausen, dichten Behaarung auch „Wollschwein" genannt. Ursprünglich in großer Zahl in Ungarn gehalten, teilte diese alte Schweinerasse das Schicksal vieler ihrer Artgenossen und verschwand nach dem Zweiten Weltkrieg nach und nach. Erst Mitte der 1970er-Jahre wurde das Mangalitza unter Schutz gestellt und man versuchte, die Rasse vom Aussterben zu bewahren. Heute wird das Wollschwein in ganz Europa gezüchtet. Das Mangalitza ist eine sogenannte Speckschweinerasse, da es besonders viel Fett einlagert. Das Tier wurde daher ursprünglich zur Herstellung von Speck gehalten. Es ist anspruchslos, äußerst robust und kann aufgrund seines Wollkleides das ganze Jahr über im Freien gehalten werden.

PIETRAIN

Die Pietrain-Schweinerasse wurde ab 1920 in Belgien gezüchtet und war bis in die 1950er-Jahre nahezu bedeutungslos. Erst die Nachfrage nach magerem Schweinefleisch in der Zeit ab 1950 machte diese Rasse zur heute wichtigsten in der intensiven Schweinezucht. Das Pietrain zeichnet sich durch einen großen Fleischanteil mit sehr magerem Fleisch aus, weshalb es auch gerne „das Schwein mit den vier Schinken" genannt wird. Es ist jedoch auch stressanfälliger als die alten Schweinerassen und das Fleisch schmeckt weniger aromatisch.

SCHWÄBISCH-HÄLLISCHES LANDSCHWEIN

Das Schwäbisch-Hällische Landschwein entstand Mitte des 19. Jahrhunderts aus einer Kreuzung mit chinesischen Maskenschweinen. Es stammt aus der namengebenden Gegend um die Stadt Schwäbisch Hall in Baden-Württemberg, wo es auch heute wieder gezüchtet wird. Es besitzt Schlappohren und einen schwarzen Kopf sowie ein schwarzes Hinterteil. Nachdem diese Rasse in den 1980er-Jahren so gut wie ausgestorben war, schlossen sich einige Züchter zur Züchtervereinigung Schwäbisch-Hällisches Landschwein zusammen, um diese alte Rasse wiederzubeleben. Sie gilt als robust, sehr fruchtbar und äußerst gutmütig.

ANGLER SATTELSCHWEIN

IBERICO

MANGALITZA

BUNTES BENTHEIMER

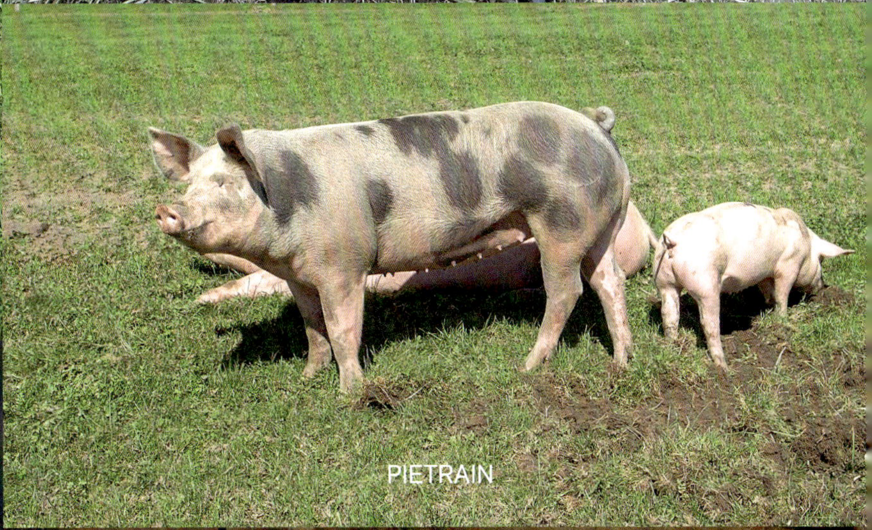
PIETRAIN

DUROC

SCHWÄBISCH-HÄLLISCHES LANDSCHWEIN

RASSEPORTRÄT | SCHAF, KANINCHEN

RHÖNSCHAF

Wie der Name bereits andeutet, stammt das Rhönschaf aus der Rhön, einem Gebirgszug zwischen den Bundesländern Bayern, Hessen und Thüringen. Das Rhönschaf ist eine sehr alte Rasse und hervorragend an das raue Klima dieser Region angepasst. Charakteristisch für diese hornlose Fleischrasse ist der schwarze Kopf und die weißen Beine. Es wird heutzutage hauptsächlich seines würzigen Fleisches wegen gezüchtet.

SUFFOLK-SCHAF

Das Suffolk-Schaf stammt, wie der Name vermuten lässt, ursprünglich aus England, wo es Ende des 18. Jahrhunderts zuerst gezüchtet wurde. Die Rasse zeichnet sich durch schwarze, unbewollte Beine und einen schwarzen Kopf mit leicht gewölbter Nasenpartie aus. Suffolk-Schafe wachsen sehr schnell, sind früh geschlechtsreif und stark bemuskelt.

TEXELSCHAF

Das Texelschaf stammt ursprünglich von der niederländischen Insel Texel und ist in den Niederlanden immer noch weit verbreitet. Die Rasse ist von mittelgroßem Wuchs und hat einen weißen, hornlosen Kopf mit flacher Stirn. Das Schaf ist stark bemuskelt und verfügt daher über einen außergewöhnlich guten Schlachtkörper.

TIROLER BERGSCHAF

Das Tiroler Bergschaf ist eine Rasse, die bei Züchtern im Alpenraum sehr weit verbreitet ist. Es ist sehr trittsicher und eignet sich deshalb ausgezeichnet für die Haltung in den Höhenlagen, die für Rinder unzugänglich sind. Charakteristisch für das Tiroler Bergschaf sind die weißen Beine und der durchgehend bewollte Kopf mit stark gewölbter Nase und langen, herabhängenden Ohren.

ALASKA

Dieses glänzend schwarze Kaninchen mit einem Höchstgewicht von 4 Kilogramm wurde Anfang des 20. Jahrhunderts in Gotha aus Russen-, Havanna-, Holländer- und Schwarzsilberkaninchen gezüchtet und 1907 erstmals auf einer Schau vorgestellt. Die Züchter hatten zunächst die Vorstellung, eine Kaninchenfell-Imitation des „schwarzen" Alaskafuchses zu erzüchten. In der heutigen Zeit sind die Alaska-Kaninchen weit verbreitet, da sie als Wirtschaftsrasse sehr gut geeignet sind.

ANGORA

Die industrielle Verwertung der Wolle setzte in Deutschland mit dem Ersten Weltkrieg ein und erlebte im Zuge des Zweiten Weltkriegs einen Aufschwung. Heute stammt die Angorawolle immer weniger von heimischen Züchtern, sondern wird für den industriellen Bedarf größtenteils aus China importiert. Das Angorakaninchen, dessen Höchstgewicht 5,25 Kilogramm beträgt, hat eine sehr hohe Schlachtausbeute. Die Wollleistung der Tiere ist extrem hoch. Es handelt sich hierbei um die einzige Kaninchenrasse, die Fleisch und Wolle zugleich liefert.

GELB-REXE

Das Rex-Kaninchen stammt aus Frankreich und wurde 1924 erstmals in Paris präsentiert. Bereits zwei Jahre später gelangte es nach Deutschland. Diese Rasse gehört zu den mittelgroßen Kurzhaarrassen und hat ein Höchstgewicht von 4,5 Kilogramm. Der Körperbau ist leicht gestreckt und walzenförmig, dabei vorne und hinten gleich breit. Hals und Nacken erscheinen nur angedeutet, der Kopf ist länglich bei trotzdem breiter Stirn und Schnauze. Die Besonderheit des Rex-Kaninchens ist sein extrem kurzes, maulwurfartiges Fell, das aus senkrecht stehenden, höchstens zwei Zentimeter langen Haaren besteht.

ROTE NEUSEELÄNDER

Dieses mittelgroße Nutzkaninchen wurde um 1915 erstmals in Kalifornien erwähnt und um 1930 aus Amerika als „American Reds" nach Deutschland importiert. Der eigentliche Ursprung ist nicht mehr komplett nachzuvollziehen. Vermutlich brachten Siedler Tiere aus Neuseeland mit nach Amerika. Heute sind die Roten Neuseeländer, die bis zu 5,0 Kilogramm schwer werden können, in Deutschland weit verbreitet. Die Tiere sind wegen ihrer Schnellwüchsigkeit und des hervorragenden Fleischansatzes sehr beliebt.

RHÖNSCHAF

ALASKA

SUFFOLK-SCHAF

ANGORA

TEXELSCHAF

GELB-REXE

TIROLER BERGSCHAF

ROTE NEUSEELÄNDER

HALTUNG UND FÜTTERUNG

KONVENTIONELLE HALTUNG

Bei der konventionellen Haltung von Rindern handelt es sich meist um Stallhaltung (Laufstall oder Anbindestall), zum Teil auch mit Weidegang. Der Großteil dieser Betriebe hat seinen Schwerpunkt in der Milchproduktion. Es gibt natürlich auch hier gewisse Vorschriften was Platz und Bewegungsraum für die Tiere angeht. So dürfen die Kälber ausschließlich auf Stroh gehalten werden und bis zum Jahre 2020 soll die Anbindehaltung vollständig abgeschafft werden. Bei dieser Art der Haltung dürfen die Landwirte konventionelle Futter- und Düngemittel zukaufen.

ÖKOLOGISCHE HALTUNG (BIO-ZERTIFIZIERT DURCH EINEN VERBAND)

In der ökologischen Tierhaltung werden von Dachverbänden und Organisationen verschiedene Richtlinien festgelegt. Diese werden durch regelmäßige Kontrollen und Visiten strengstens überwacht. Als Grundsatz gelten die EU-Öko-Richtlinien, die aber von verschiedenen Verbänden noch detaillierter ausgearbeitet werden. Zu den bekanntesten Organisationen in Deutschland zählen Bioland und Demeter. Es gibt aber auch reine Zertifizierungsunternehmen, die den Ökostandard prüfen, wie beispielsweise „ÖkoP". Grundsätze für biologische Tierhaltung am Beispiel Rind oder Schaf:

- kein Spaltenboden, Stroheinstreu
- Weidegang
- nur Zukauf von Futter aus ökologischer Landwirtschaft
- kein Embryonentransfer
- kein Abbrennen von Hörnern oder Kupieren von Schwänzen
- vorgeschriebene Stallgröße pro Tier
- keine präventiven Antibiotika
- keine Wachstumsförderer und gentechnisch veränderte Bestandteile im Futter
- keine synthetischen Düngemittel
- keine chemisch-synthetischen Pflanzenschutzmittel

WEIDEHALTUNG (ALMHALTUNG)

Weidehaltung bedeutet, dass die Tiere entweder saisonal, meist über den Winter, eingestallt sind und auf eine sogenannte Sommerweide bzw. Alm kommen. Daneben spricht man von der Dauerweidehaltung, bei der die Tiere permanenten Weidegang haben.

ROBUSTHALTUNG (GANZJÄHRIGE WEIDEHALTUNG)

Dies bedeutet, dass die Tiere das komplette Jahr im Freien auf der Weide verbringen. Es gibt sogenannte Robustrassen oder Robustrinder, wie Galloway, das Schottische Hochlandrind oder Welsh Black aus Großbritannien, die mit dem rauen Klima auch im Winter zurechtkommen.

INTENSIVHALTUNG (MAST) (BULLEN-, FÄRSEN-, OCHSENMAST)

Als Mast bezeichnet man eine systematische Fütterungs- und Produktionstechnik von Fleisch. Durch gezielte Fütterung von sogenannten Rationen werden bestimmte Tageszunahmen der Tiere erreicht. Die Fütterung in der Bullenmast basiert in den meisten Fällen auf Maissillage. Zu einer ausgewogenen Ration gehören auch Kraftfuttermittel und Grobfuttermittel.

Da die Tiere oft in speziellen Mastställen auf engem Raum und Vollspaltenböden gehalten werden, ist diese Methode bei Tierfreunden eher unbeliebt. Der Platzbedarf in der Intensivhaltung soll möglichst gering sein, um bessere Zunahmen zu erzielen. Er ist aber dennoch in der Tierschutz-Nutzviehhaltungsverordnung geregelt. Über acht Wochen alte Kälber dürfen demnach nur in Gruppen bis zu drei Tieren pro Bucht bei einer Mindestbodenfläche von sechs Quadratmetern gehalten werden, um sich ohne Behinderung umdrehen zu können. Die Dauer der Mast bzw. das Schlachtalter in der Rindermast liegt bei 18 bis 24 Monaten.

MUTTERKUHHALTUNG UND AMMENKUHHALTUNG

Mutterkuhhaltung bedeutet, dass die Kuh ihr eigenes Kalb großzieht und die Milch für das Kalb und nicht zur Milchproduktion genutzt wird. Im Gegensatz dazu werden die Kälber bei der Ammenkuhhaltung nicht von der eigenen Mutter, sondern von anderen Kühen gesäugt.

Oftmals wird bei der Beschreibung des Fleisches in Speisekarten und in der Werbung auf die Haltungsform und das Geschlecht des Tieres hingewiesen. Auch die Rassen und der Reifungsprozess werden gelegentlich erwähnt. Im Folgenden einige Beispiele:

- Entrecôte von der trocken gereiften Angus-Färse
- gesmoktes Brisket vom österreichischen Mastbullen
- geschmorte Hüfte vom Charolais-Absetzer
- original Bayerwald-Jungrind aus Mutterkuhhaltung
- gegrilltes Gallowayfilet aus Robusthaltung

ABSETZER: Ein Tier, das von der Mutter getrennt wird bzw. von der Milchfütterung abgesetzt wird und sich fortan eigenständig ernährt.

FÄRSE: Ein adultes (geschlechtsreifes), weibliches Rind, das in den meisten Fällen noch nicht gekalbt hat.

Ludwig Maurer betreibt mit seiner Frau Stephanie eine Bio-Wagyu-Rinderzucht in Schergengrub, Niederbayern. Ihr Hof ist der erste, auf dem die edlen Tiere, häufig fälschlicherweise als „Kobe-Rinder“ bezeichnet, auf Bio-Standard großgezogen werden. Sie haben eine kleine Herde, auf die sie sehr stolz sind. So war zum Beispiel ihr Zuchtbulle Tango das zweite in Deutschland geborene Wagyu-Kalb das 100% Fullblood nachweisen konnte. Ludwig Maurer bevorzugt für seine Tiere die Weidehaltung und legt großen Wert auf die Fütterung.

ZUCHTTIERE UND WILDTIERE

BEI FLEISCH BZW. TIERISCHEN LEBENSMITTELN UNTERSCHEIDET MAN GRUNDSÄTZLICH DREI VERSCHIEDENE KATEGORIEN:

FLEISCH VON NUTZTIEREN

Speziell gezüchtete bzw. gemästete Nutztiere (Rinder, Schweine, Schafe, Ziegen).

Als Nutztiere gelten Tiere, die speziell zur Schlachtung gezüchtet, gemästet und geschlachtet werden. Diese haben kein finales Zuchtziel und sind von daher saisonunabhängig. Hierbei wird wiederum unterschieden zwischen Geschlecht und Schlachtalter.
Bei Rindern werden in den meisten Fällen die weiblichen Tiere zur Weiterzucht als Mutterkühe oder Milchkühe gehalten. Je nach Rasse, ob Fleisch- oder Milchrind, werden die männlichen Kälber entweder früh geschlachtet oder in der sogenannten Bullenmast weiter im Stall gehalten (aufgestallt).

Bei Schweinen werden die männlichen Tiere zur Fleischproduktion gemästet. Die Eber werden in der Regel kastriert, um den intensiven Saugeschmack zu vermeiden. Die weiblichen Tiere verwendet man zur Zucht oder sie werden ebenso geschlachtet.

FLEISCH AUS MILCHVIEHHALTUNG

Tiere, die als "Nebenprodukt" aus der Milchwirtschaft gewonnen werden (Rinder, Schafe, Ziegen).

Weibliche Nutztiere, die ausschließlich zur Milchgewinnung gehalten werden, bekommen im regelmäßigen Turnus ihre Jungen. Diese werden baldmöglichst „abgesetzt", d.h. von der Mutter entfernt, und die Mütter werden gemolken. Die weiblichen Tiere werden weiter im Stall gehalten (aufgestallt) und die männlichen Tiere je nach Rasse geschlachtet.

Bei Schafen und Ziegen beendet man in der Regel ab November das Melken und die Ziegen bekommen bis Ende Februar die Jungen. Diese werden ziemlich früh mit 8 bis 12 Wochen geschlachtet. Daraus leitet sich der klassische Schlacht-Zeitraum an Ostern für Lämmer und Zicklein ab.

WILDTIERE

Tiere, die in freier Wildbahn leben, und aufgrund ihres natürlichen Zyklusses an gesetzlich geregelte Schonzeiten gebunden sind.

Tiere, die in freier Wildbahn leben, sind mit einer sogenannten Schonzeit geschützt. Je nach Art, sind Beginn und Dauer der Schonzeit unterschiedlich festgelegt. Sie umfasst regelmäßig und mindestens die Zeit der Geburt und Aufzucht der Jungen, oft auch die Paarungszeit.

Sie ist nicht zwingend für beide Elternteile vorgesehen: Ist ein Elternteil (meist das männliche Tier) für die Aufzucht des Jungtieres nicht erforderlich, so ist oftmals die Schonzeit für dieses Tier eine andere (Beispiel: Beim Rehwild darf der Rehbock, das männliche Tier, bejagt werden, während das weibliche Tier das oder die Jungen noch aufzieht). Sind bei bestimmten Wildarten die Geschlechter nicht einwandfrei zu differenzieren, gilt die Schonzeit stets für beide Geschlechter (z. B. Kaninchen).

Die Schonzeit von „jagdbarem Wild" ist in jedem Bundesland einzeln geregelt!

REZEPTE | RIND

REZEPTE | RIND

Im Folgenden aufgezeigte Teilstücke des Rindes werden in den Rezepten dieses Kapitels verarbeitet:

BACKE

Rinderbacken sind eine Delikatesse. Aufgrund des „Finnenschnittes“, den man bei der Fleischbeschau vornimmt, sind deutsche Backen meist schmetterlingsförmig eingeschnitten und müssen gebunden werden. Französische oder irische Backen hingegen bekommt man im ganzen. Klassisch werden die Backen über lange Zeit in einem kräftigen Rotweinsud geschmort und haben aufgrund ihres hohen Anteils an Bindegewebe eine butterweiche Textur.

BRESAOLA

Bresaola ist ein luftgetrockneter italienischer Rinderschinken, der aus der Semerrolle (ein Teil des Schwanzstückes) hergestellt wird. Er ist vom Geschmack milder und etwas zarter als das schweizerische Pendant Bündnerfleisch, das aus der Blume, Nuss oder Oberschale gewonnen wird.

BÜRGERMEISTERSTÜCK

Es wird auch Pfaffen- oder Pastorenstück genannt und stammt aus der Keule. Aufgrund seiner geringen Menge und der besonderen Marmorierung und Zartheit war es früher den höher gestellten Personen vorbehalten, was auch seinen Namen erklärt. Ein gut gereiftes Bürgermeisterstück lässt sich auf alle Arten zubereiten: Ob kurz gebraten (in Amerika Tri Tip Steak), geschmort oder auch als Carpaccio.

FLANKE

Die Flanke (auch Bavette, Flanchet oder Hose genannt) ist der hinterste Teil des Bauchlappens. In Deutschland wird es auch als Dünnung bezeichnet und findet meist den Weg in Gulasch oder Suppenfleisch. In Amerika ist es ein beliebter Schnitt für Steaks zum Kurzbraten. In Frankreich schmort man das Bavette in kräftigem Rotwein. Nach der Zubereitung schneidet man es am besten gegen die Faser in dünne Streifen.

KNOCHENMARK

Das Mark ist eine weiche Masse im Inneren der Knochen. Es besteht zum Großteil aus Fett, man kann es wie Speck auslassen. Knochenmark muss vor der Zubereitung einige Stunden gewässert werden. Durch das enthaltene Blut könnte dieses sonst grau werden. Man unterscheidet zwischen dem leicht gelblichen Mark aus den Röhrenknochen und dem weißen Rückenmark, das in der Wirbelsäule vorkommt. Seit der BSE-Krise darf in der EU für die Nahrungs- und Futtermittelproduktion kein Rückenmark mehr verarbeitet werden; es zählt zu den sogenannten Risikogeweben. Knochenmark wird nach wie vor angeboten und ist in diversen alpenländischen Regionen fester Bestandteil der Speisekarten. Man denke hierbei zum Beispiel an Markklößchensuppe.

LICHTELN

Als Lichteln oder auch Herzröhren bezeichnet man dünne Scheiben der Luft- bzw. Herzröhre. Diese wird zuerst gekocht und anschließend dünn geschnitten. So finden die Lichteln vor allem als Garnitur, zum Beispiel des Wiener Bruckfleisches, Verwendung.

LUNGE

Viele traditionelle Gerichte werden aus Lunge (auch Lüngerl, Beuscherl oder Gelünge genannt) zubereitet. Im klassischen Arme-Leute-Essen auf bayerischen Bauernhochzeiten wurde oft eine saure Lungensuppe mit anderen Innereien wie Herz und auch Kutteln serviert. Die Lunge ist von allen Innereien das Organ mit dem schlechtesten Nährwert. Heutzutage wird Lunge zumeist zu Hundefutter verarbeitet. Das Fleisch ist von luftiger, leichter Konsistenz und verfügt über einen feinen, nicht sehr intensiven Eigengeschmack. Das Fleisch ist von luftiger, leichter Konsistenz und verfügt über einen feinen, nicht sehr intensiven Eigengeschmack.

SCHAUFELBUG

Der Schaufelbug oder Schulter, in Österreich auch Scherzel genannt, ist von einer dicken Sehne durchzogen. Früher war es ein klassisches Schmorstück, heute werden daraus auch Steaks geschnitten, wie z. B. das Flat Iron Steak. Es ist das am besten marmorierte Teilstück des ganzen Rindes.

SKIRT

Man unterscheidet zwischen Inside Skirt und Outside Skirt. In Deutschland wird dieses Teilstück nicht ausgelöst und als Suppenfleisch verarbeitet. Auch bekannt als Saumfleisch, gehört es zum Muskelfleisch und ist zwischen Magen und Lunge bzw. Bauch und Brust des Rindes zu finden. Es hat die intensivste Fettmarmorierung und ist daher sehr saftig.

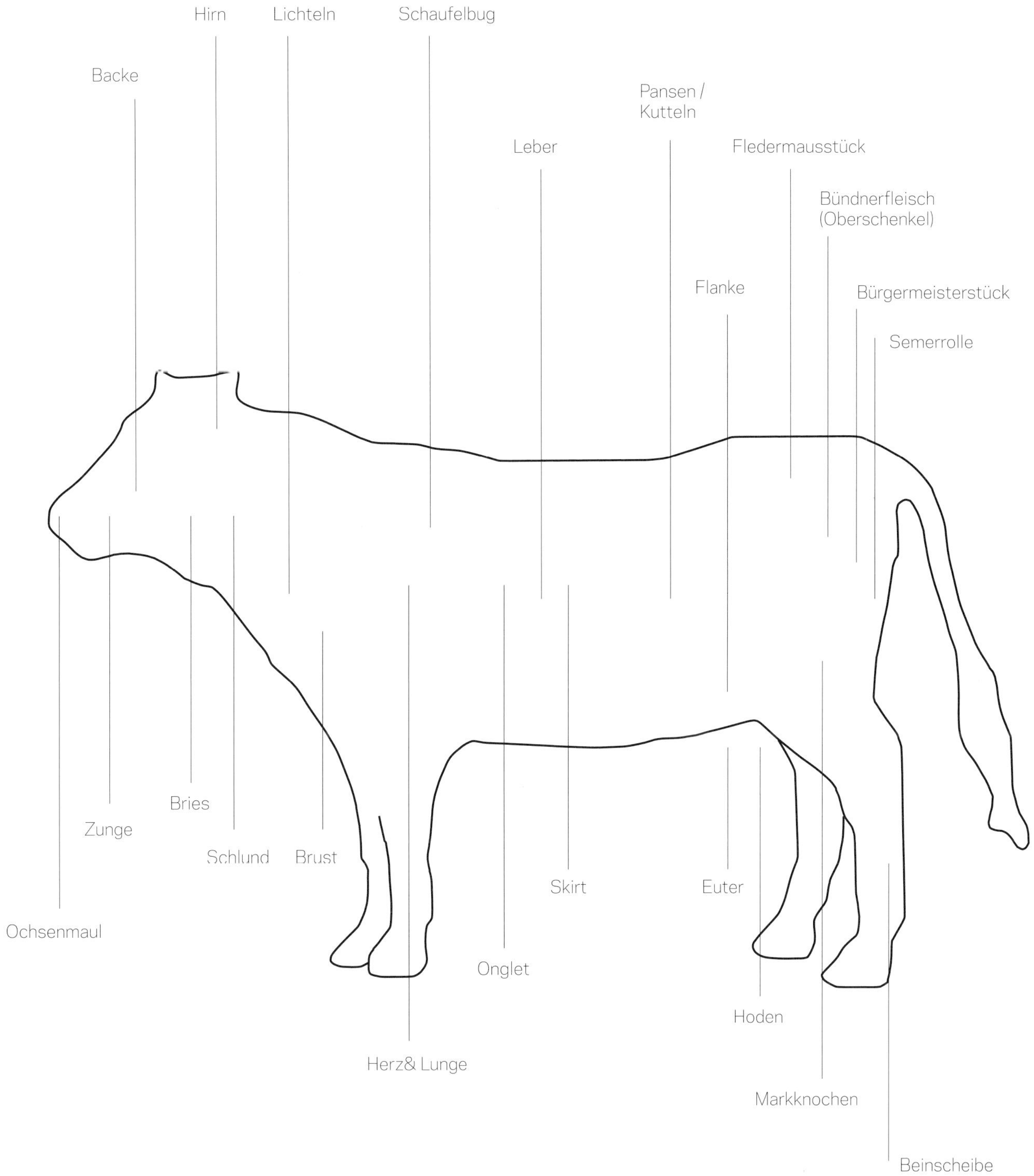
Hirn
Lichteln
Schaufelbug
Backe
Pansen /
Kutteln
Leber
Fledermausstück
Bündnerfleisch
(Oberschenkel)
Flanke
Bürgermeisterstück
Semerrolle
Zunge
Bries
Schlund
Brust
Skirt
Euter
Ochsenmaul
Onglet
Hoden
Herz& Lunge
Markknochen
Beinscheibe

Das Schlachten eines Tieres, das über Jahre aufgezogen wurde, ist ein schwerer Schritt. Ludwig Maurer, der als Wagyu-Rinderzüchter jedes seiner Tiere kennt und liebevoll pflegt, macht es nicht gerne. Da es aber nötig ist, legt er großen Wert auf einen respektvollen Umgang mit dem Tier und das beinhaltet für ihn auch einen angstfreien Tod und ein vollständiges Verarbeiten des Tieres.

Deshalb werden seine Tiere direkt auf dem Hof getötet, um den weidegewohnten Rindern den meist mit Stress verbundenen Transport zum Schlachthof zu ersparen. Im Schlachthaus wird das Tier dann abgezogen, ausgenommen und gespalten und zur Reifung mehrere Wochen aufgehängt.

ZERLEGUNG | RIND

01. Für die Zerteilung des Hinterviertels Messer an der Innenseite der Keule auf Höhe des Beckenknochens ansetzen und Richtung Flanke schneiden. Dann in Richtung Brustkorb bis zu den Rippen schneiden. Hier ist darauf zu achten, dass parallel zu den Wirbeln geschnitten wird, um das anliegende Filet nicht einzuschneiden.

02. Rippen durchsägen, sodass ein etwa 20 cm langes Rippenstück mit Fleisch am Wirbelkörper bleibt.

03. Das Lendenstück entlang des Rückens auslösen. Das unter der Keule hängende Rückenknochenstück komplett abtrennen.

04. Den Schlossknochen, sprich die Gelenkpfanne des Hüftknochens, an der Unterseite der Keule auslösen.

05. Im Schlossknochen ist eine Vertiefung, die noch Muskelfleisch enthält, das Fledermausstück oder Schalblattel. Dieses dicht am Knochen auslösen.

06. Bauch- und Flankenlappen auf den Arbeitstisch heben. Von der Außenflanke das wenige Zentimeter dicke Skirt vom Fett lösen.

07. Von der Innenseite der Flanke das Inside Skirt auslösen. Hier das komplett ausgelöste Inside Skirt.

08. Das Flankstück, etwas oberhalb des Inside Skirts, auslösen.

09. Wade von der Keule trennen.

10. Die Rinderwade ist ein fantastisches Schmorstück.

11. Den großen Oberschenkelknochen komplett auslösen. Aus dem Keulenfleisch zuerst die Nuss, dann das Bürgermeisterstück (Hüftspitz) abtrennen.

12. Den Tafelspitz auslösen, dafür das flach zulaufende Fleisch entlang der Fettschicht von der Hüfte trennen. Aus der übrigen Keule Semerrolle und die Unterschale auslösen.

01

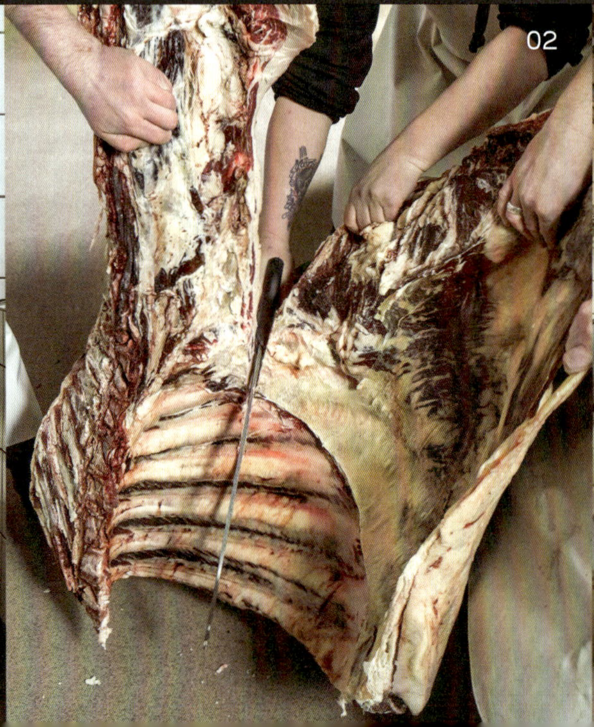
02

03

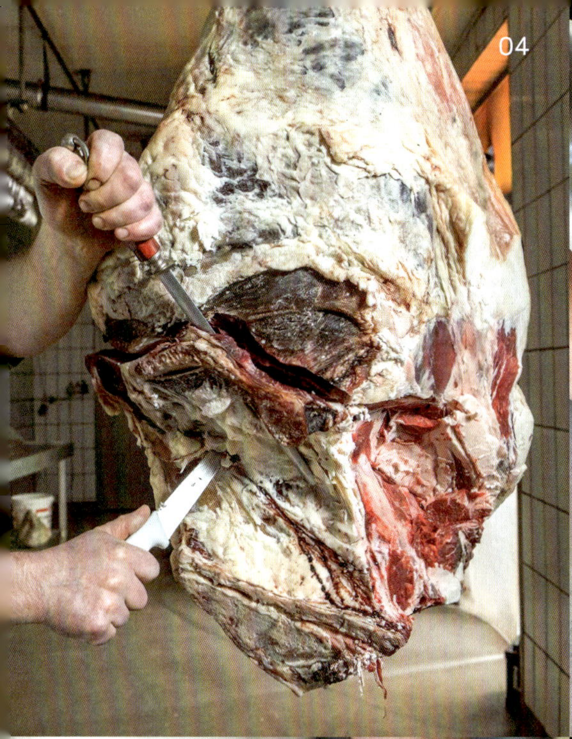
04

05

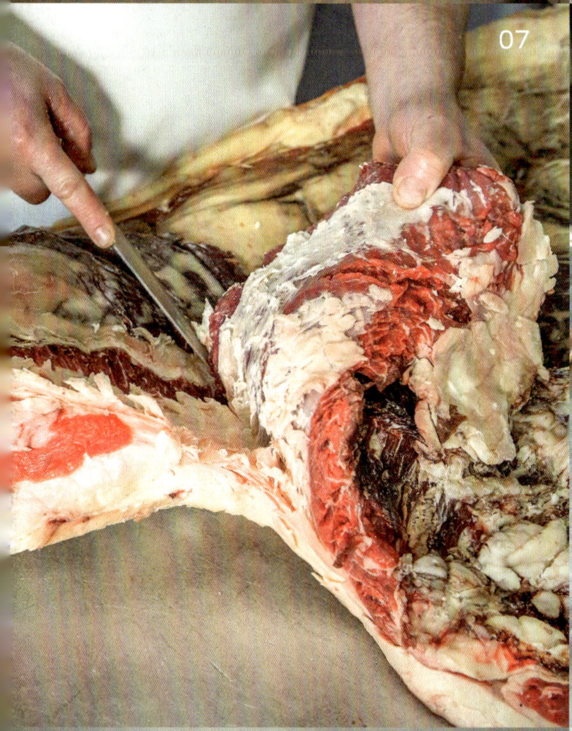
07

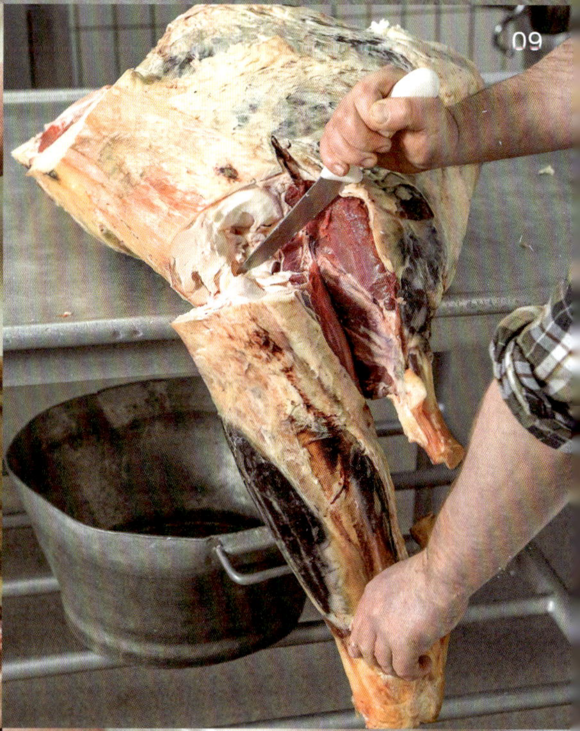
09
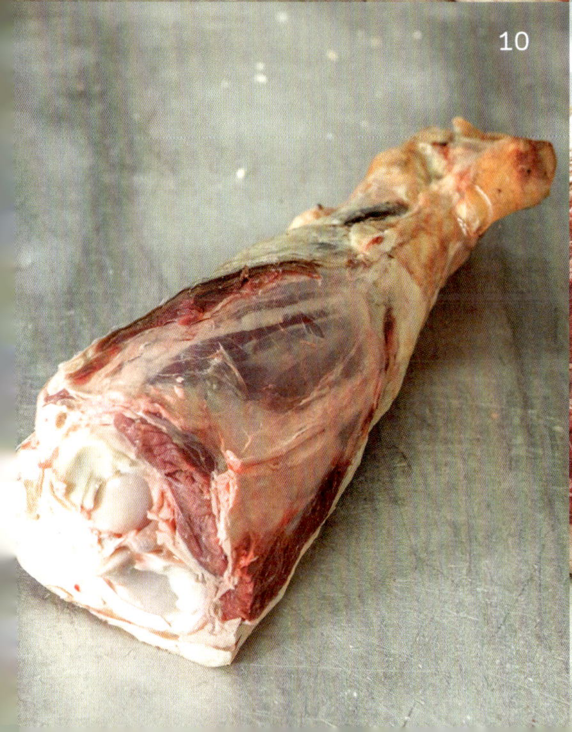
10
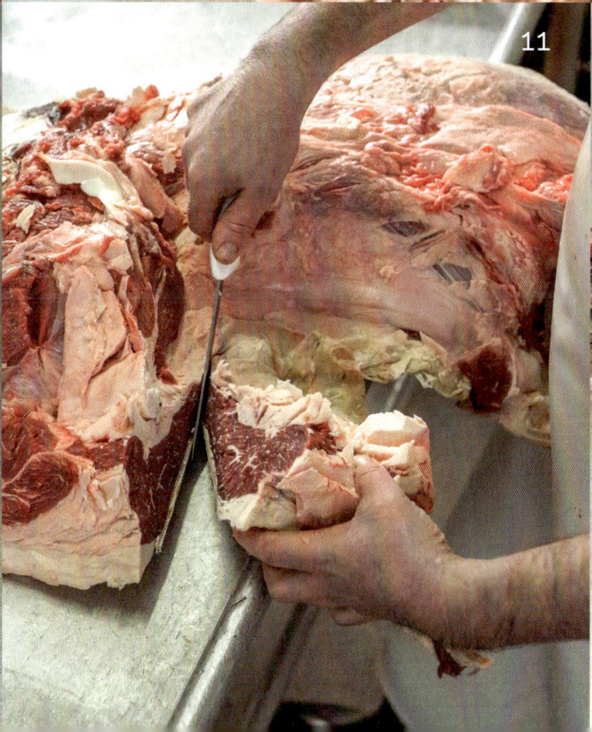
11
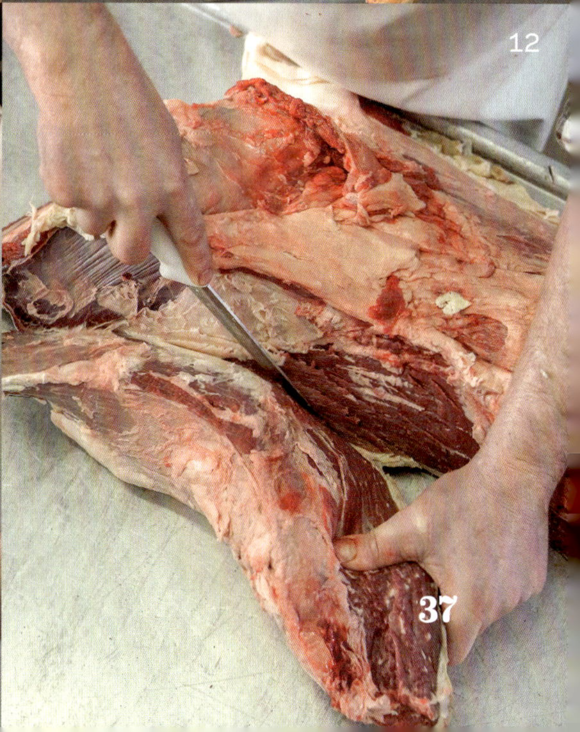
12

CARPACCIO VOM BÜRGERMEISTERSTÜCK

CARPACCIO

	Olivenöl
	Meersalz
	frisch gemahlener Voatsiperifery-Madagaskar-Pfeffer
480 g	Bürgermeisterstück
	Abrieb und Saft von 1 unbehandelten Zitrone

Zunächst den Teller mit etwas Olivenöl einstreichen und mit Meersalz und Pfeffer würzen. Danach das Bürgermeisterstück dünn aufschneiden und die Scheiben leicht salzen, pfeffern und mit Zitronenabrieb und -saft beträufeln.

VINAIGRETTE

50 ml	helle Sojasauce
30 ml	dunkle Sojasauce
40 g	Honig
5 g	Ingwer, gerieben
1	Knoblauchzehe, gerieben
30	Sesamsamen, geröstet

Beide Sojasaucen mit Honig aufkochen, Ingwer, Knoblauch und die gerösteten Sesamsamen dazugeben. Die Vinaigrette über Nacht im Kühlschrank auskühlen lassen.

ANRICHTEN

1	Kopfsalatherz
	Schafgarbe
	Petersilie, Schnittlauch, Rucola und Olivenöl, zu einem Pesto püriert

Das Carpaccio auf dem Teller anrichten und mit der Vinaigrette beträufeln. Mit dem Kopfsalatherz, der Schafgarbe sowie einigen Tupfen Kräuterpesto dekorieren.

WICHTIG

Auf eine gute Marmorierung des Fleisches achten (Beef Marbling Standard 6–8, mehr dazu siehe Seite 246/247).

NIERENZAPFEN

(franz. ONGLET, süddt. HERZZAPFEN, engl. HANGING TENDER)

Obwohl der Nierenzapfen aus reinem Muskelfleisch besteht, zählt er zu den Innereien. Es handelt sich um die Zwerchfellpfeiler (Lendenteil des Zwerchfells). Er hat oftmals einen leberähnlichen Geschmack. Sowohl geschmort als auch kurzgebraten oder Sous-vide zubereitet, ist der Nierenzapfen eine rare Delikatesse. Ein Klassiker der französischen Küche ist das in kräftigem Rotwein geschmorte Onglet.

ONGLET „SOUS-VIDE“
ZWEIERLEI ESSIGZWIEBELN

ONGLET

1	Onglet á 1,4–1,8 kg
1 EL	Salz
1 EL	Zucker
10	Pimentkörner
2	Rosmarinzweige
2	Thymianzweige
50 ml	Olivenöl
	Pflanzenöl

Das Onglet von Fett und groben Sehnen befreien und mit Salz, Zucker und Piment würzen. Zusammen mit Rosmarin, Thymian und Olivenöl vakuumieren und für 45 Minuten bei 64 °C in ein Sous-vide-Becken geben. Anschließend das Onglet von beiden Seiten scharf in Pflanzenöl anbraten.

ESSIGZWIEBELN

200 g	Perlzwiebeln
50 ml	Olivenöl
40 g	Zucker
100 ml	heller Balsamicoessig
100 ml	roter Balsamicoessig
1 EL	Tomatenflocken (Ingo Holland)

Die Perlzwiebeln schälen und in einer Pfanne mit Olivenöl glasig anschwitzen. Den Zucker dazugeben und karamellisieren lassen. Karamell und Zwiebeln zu gleichen Teilen auf zwei Sauteusen aufteilen und jeweils mit dem hellen und dem dunklen Balsamicoessig auffüllen. Die hellen und die dunklen Zwiebeln auf die Hälfte einreduzieren lassen. Zum Schluss Tomatenflocken unter die hellen Balsamicozwiebeln heben.

ANRICHTEN

frische Basilikumblätter

Das Onglet gegen die Faser tranchieren, je ein Stück auf einen Teller legen und mit den zweierlei Essigzwiebeln und etwas frischem Basilikum anrichten.

OUTSIDE SKIRT
OLIVENEMULSION / TAPENADE / MÖNCHSPFEFFER

SKIRT

1	Skirt à 250-350 g
1 EL	Salz
	Mönchspfeffer
1 EL	Zucker
2	Rosmarinzweige
2	Thymianzweige
	Pflanzenöl

Das Skirt von Fett und groben Sehnen befreien und mit Salz, Mönchspfeffer und Zucker würzen. Zusammen mit Rosmarin und Thymian vakuumieren und für 45 Minuten bei 64 °C in ein Sous-vide-Becken geben. Anschließend das Skirt von beiden Seiten scharf in Pflanzenöl anbraten.

OLIVENTAPENADE

100 g	schwarze Kalamata-Oliven
4 EL	Olivenöl
50 g	kandierte Oliven (Selektion Antoniewicz)

Die Kalamata-Oliven klein hacken und mit dem kalten Olivenöl verrühren. Die kandierten Oliven ebenfalls hacken und erst ganz zum Schluss zugeben, sodass sich zweierlei Texturen von der Olive ergeben.

ANRICHTEN

Olivenemulsion
(siehe Seite 228 Fettsaucen)

Das Fleisch gegen die Faser tranchieren und je ein kleines Stück davon auf den Teller geben. Etwas Oliventapenade danebensetzen und mit Salz bestreuen. Mit Olivenemulsion sowie etwas Mönchspfeffer abschließen.

WICHTIG

Auf eine gute Marmorierung des Fleisches achten (Beef Marbling Standard 6–8, mehr dazu siehe Seite 246/247).

BEINSCHEIBE

Die Beinscheibe des Kalbs beziehungsweise Rindes wird aus der Hesse, die zur Hinterkeule gehört, geschnitten. Das Fleisch ist langfaserig, stark von Bindegewebe durchzogen und sollte daher lange geschmort werden. Beinscheiben werden meist in 3 bis 5 Zentimeter dicken Scheiben verkauft. Das Fleisch wird in der italienischen Küche traditionell als Ossobuco mit dem Knochen geschmort. In der deutschen Küche findet das fettarme Fleisch vor allem als Klärfleisch oder zur Zubereitung von Kalbshaxen Verwendung.

OSSOBUCO "INSIDE OUT"

GEFROSTETES MARK / SCHMORGEMÜSE

OSSOBUCO

4	Beinscheiben vom Rind
	Salz
	Zucker
	frisch gemahlener schwarzer Pfeffer
1	Karotte
1	Zwiebel
1	Knoblauchzehe, angeschlagen
1	Rosmarinzweig
1	Thymianzweig
	Pflanzenöl
3 EL	Tomatenmark
200 ml	Rotwein

Das Fleisch vorsichtig vom Knochen lösen und dabei darauf achten, dass es ganz bleibt. Dann salzen und zuckern. Den Knochen gut wässern und vorsichtig das Mark herausdrücken. Das Gemüse schälen, klein schneiden und in einer Pfanne mit dem Fleisch, Pfeffer, Knoblauch, Rosmarin und Thymian in Pflanzenöl scharf anbraten. Das Fleisch und das angebratene Gemüse aus der Pfanne nehmen und zur Seite stellen. Dann das Tomatenmark in die Pfanne geben, kurz rösten und mit dem Rotwein ablöschen; auf ein Drittel reduzieren. Anschließend das Gemüse, die Reduktion und das Fleisch in heißem Zustand vakuumieren. Für 24 Stunden bei 56 °C in ein Sous-vide-Becken geben. Anschließend herausnehmen und das Fleisch von beiden Seiten leicht anbraten. Das Knochenmark auf beiden Seiten in sehr wenig Pflanzenöl goldbraun anbraten, anschließend für 1 Stunde bei -30 °C schockfrosten. Den Knochen mit einer Wurzelbürste reinigen. (Gegebenenfalls in die Spülmaschine geben oder über Nacht in Gebissreiniger einlegen).

ANRICHTEN

1	Zweig Bronzefenchel

Das Beinscheibenfleisch gegen die Faser tranchieren und in den gesäuberten Knochen anrichten. Das Wurzelgemüse daneben auf den Teller geben und mit etwas Bronzefenchel garnieren. Das gefrostete Knochenmark mit einer feinen Microplane-Reibe über das Gericht hobeln.

OSSOBUCO OHNE SCHNICKSCHNACK

OSSOBUCO

4		Beinscheiben vom Kalb mit Markknochen
14	g	Salz
6	g	Zucker
80	g	Karotten
2		Zwiebeln
80	g	Staudensellerie
50	ml	Rapsöl-Olivenöl-Mischung
500	ml	Rotwein
200	ml	roter Portwein
500	ml	Brauner Kalbsfond (siehe Seite 230)
4	g	schwarzer Pfeffer
1		Lorbeerblatt
5		Wacholderbeeren
3		Pimentkörner
2		Nelken
1		Thymianzweig
1		Rosmarinzweig
2		Blattpetersilienstängel

Die Beinscheiben mit Salz und Zucker einreiben. In der Zwischenzeit Karotten und Zwiebeln schälen, vom Sellerie die Fäden ziehen und alles in walnussgroße Stücke schneiden.

Die Ölmischung in einem flachen Schmortopf erhitzen und die Beinscheiben von beiden Seiten gut anbraten. Dann herausnehmen und beiseitestellen. Im selben Topf das Gemüse goldbraun anrösten. Den Bratensatz mit einem Schuss Rotwein lösen und die Flüssigkeit reduzieren. Das Ganze drei- bis viermal wiederholen. So erhält man eine schöne Farbe und Aromen in der Sauce.

Anschließend die Beinscheiben wieder zum Ansatz geben und mit dem restlichen Rot- und Portwein aufgießen, dann etwa 15 Minuten reduzieren lassen. Den Braunen Kalbsfond sowie die Gewürze und Kräuter zugeben. Für etwa 2 Stunden bei 160 °C Heißluft in den vorgeheizten Ofen geben. Wenn die Beinscheiben zart sind, das Fleisch zusammen mit etwas Gemüse herausnehmen. Die restliche Sauce durch eine Passiermühle streichen. Bei Bedarf die Flüssigkeit etwas reduzieren lassen und zusammen mit dem Gemüse servieren.

ANRICHTEN

Blattpetersilie oder Kerbel

Falls das Knochenmark nicht verkocht ist, zum Fleisch geben. Alles mit Gemüse und Sauce anrichten und mit Petersilie oder Kerbel garnieren.

SCHAUFELBUG
TERIYAKI / REISNUDELN

SCHAUFELBUG

400 g Schaufelbug
(gut abgehangen und von bester Qualität)

Den Schaufelbug von den Sehnen befreien und in Rechtecke von 1 cm x 3 cm schneiden. Er muss nicht gewürzt werden, da die Marinade sehr herzhaft ist und das Fleisch pur mit seinem Geschmack hervorstechen soll.

REISNUDELN

300 g Reisnudeln (feine oder Bandnudeln)
Salz

Die Reisnudeln 1 Stunde in kaltes Wasser einlegen, anschließend das Wasser abgießen. Die Nudeln dann mit kochendem Salzwasser übergießen und etwa 10 Minuten ziehen lassen. Dann erneut abgießen. Man kann die Nudeln auch über Nacht in kaltes Wasser einlegen, dann sind sie am nächsten Tag weich.

MARINADE

50 g Ingwer, geschält
1 kleine Knoblauchzehe, geschält
1 Chilischote
3 EL Teriyakisauce
20 g Honig
20 ml Sesamöl
20 ml Sake
Abrieb und Saft von 1 unbehandelten Limette
20 g schwarzer Sesam

Ingwer, Knoblauch und Chilischote ohne Kerngehäuse in feine Würfel schneiden. Die Teriyakisauce mit Honig und Sesamöl glatt rühren und zur Ingwermischung geben. Mit Limettenabrieb und -saft sowie schwarzem Sesam verfeinern.

ANRICHTEN

rote Kresse oder frischer Koriander

Die lauwarmen Nudeln mit der Marinade mischen. Die Bugstücke auf den Teller legen, die Nudeln darauf anrichten. Zusätzlich mit etwas Marinade beträufeln und eine Linie aus Marinade daneben ziehen. Diese mit Kresse oder Koriander garnieren.

WICHTIG

Auf eine gute Marmorierung des Fleisches achten (Beef Marbling Standard 6–8, mehr dazu siehe Seite 246/247).

FLEDERMAUSSTÜCK
(METZGERSTÜCK, KACHELFLEISCH, DECKELCHEN)

Das Fledermausstück ist ein vergessenes Teilstück, das am Schlossknochen (Hüft- oder Beckenknochen) der Keule liegt. Früher wurde es auch Metzgerstück genannt, da die Metzger dieses Teilstück meist einbehielten und für sich selbst zubereiteten. Wenn das Schlachttier gut gereift ist, ist dieses Stück auch zum Kurzbraten geeignet. Heute wird es meistens in der Wurstproduktion verarbeitet. Es eignet sich hervorragend zum Sous-vide- und Niedertemperaturgaren.
Ein Comeback feierte dieser Zuschnitt in der spanischen Küche besonders vom Schwein.
Das Kachelfleisch des Iberico-Schweines ist durch seinen hohen Fettanteil ein hervorragender Zuschnitt zum Kurzbraten. Beim Schinken mit Knochen ist das Kachelfleisch enthalten, beim ausgelösten Schinken fehlt es. In Teilen Deutschlands kennt man es auch als Deckelchen.

Interessant ist: Anhand des Schlossknochens kann man beim geschlachteten Tier das Geschlecht bestimmen. Eine weibliches Jungrind (Färse) hat einen relativ geraden Schlossknochen. Je mehr Kälber das Tier gebiert, desto größer wird die Krümmung.

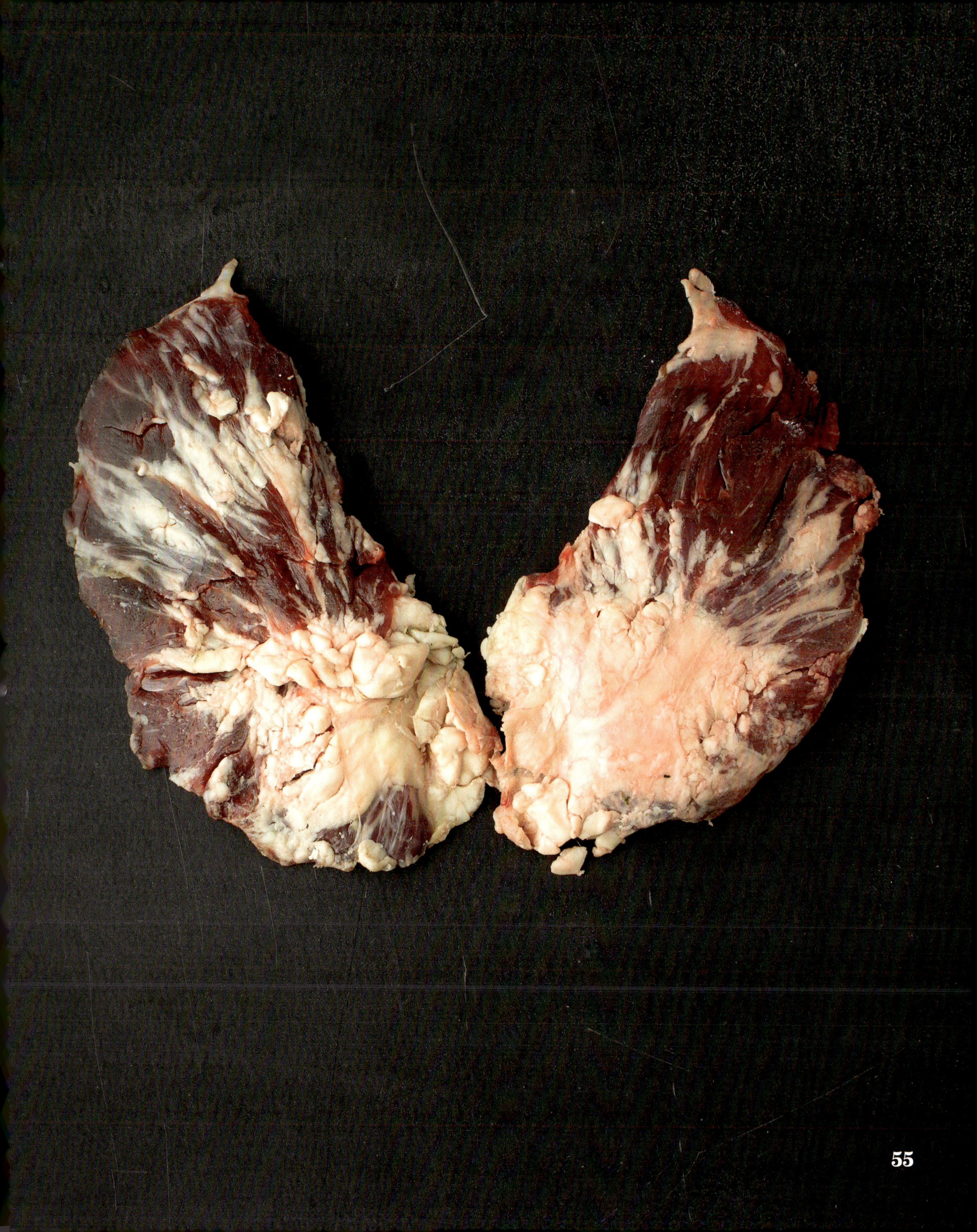

FLEDERMAUS

ROTE-BETE-REDUKTION / KOHLESALZ

FLEDERMAUSSTÜCK

4	Fledermausstücke à 80–120 g
	schwarzes Salz (Ingo Holland)
	frisch gemahlener geräucherter Langpfeffer (Ingo Holland)
	Maisöl
50 g	Butter
1	Rosmarinzweig
1	Thymianzweig

Den Ofen auf 160 °C Heißluft vorheizen. Das Fleisch gut mit schwarzem Salz und Langpfeffer würzen und in einer heißen Pfanne in Maisöl von beiden Seiten wie ein Steak braten. Im Backofen ziehen lassen, bis es die gewünschte Garstufe erreicht hat. Dann in einer separaten Pfanne die Butter aufschäumen lassen und die Kräuterzweige dazugeben. Das gebratene Fleisch darin wenden und servieren.

ALTERNATIVE: FLEDERMAUS SOUS-VIDE

Das Fledermausstück salzen und zuckern, dann mit Rosmarin und Thymian vakuumieren. Bei 54 °C für 30 Minuten in ein Sous-vide-Becken geben. Anschließend in Butter rösch anbraten. Erst ganz zum Schluss mit dem geräucherten Pfeffer würzen.

ROTE-BETE-LACK

500 ml	Rote-Bete-Saft
	Salz
	Cayennepfeffer

Den Rote-Bete-Saft mit Salz und Cayennepfeffer auf ein Viertel reduzieren und auskühlen lassen.

ANRICHTEN

Den Rote-Bete-Lack auf einen weißen Teller geben und mit einem Strohhalm wild auseinanderblasen. Das Fledermausstück quer zur Faser tranchieren und mit schwarzem Salz und gemahlenem Langpfeffer würzen.

BEEF JERKY CLASSIC

- 1 kg Rindfleisch
- 1 TL Worcestershiresauce
- 1 TL schwarzer Pfeffer, grob geschrotet
- 5 EL Sojasauce
- 1 TL Knoblauchpulver
- 1 TL Zwiebelpulver
- 1 TL Salz

ZUBEREITUNG

Das Fleisch von Häuten, Sehnen und Fett befreien. Anschließend quer zur Faser in 0,2–0,4 cm dünne Scheiben schneiden. Die restlichen Zutaten zu einer Marinade mischen und das geschnittene Fleisch zugeben. Über Nacht im Kühlschrank marinieren, herausnehmen und leicht trocken tupfen.

Die Fleischstreifen auf dem Rost verteilen und bei 60–70 °C Heißluft für etwa 3 ½ Stunden in den Backofen schieben. Dabei die Back ofentür einen Spalt offen halten, indem man zum Beispiel einen hölzernen Kochlöffel in die Tür klemmt. Dadurch kann die Feuchtigkeit entweichen.

Das Beef Jerky Classic ist fertig, wenn das Fleisch keine feuchten Stellen mehr aufweist. Es hält sich im gut verschlossenen Plastikbeutel bei Zimmertemperatur etwa drei Monate. Trocken, kühl und dunkel gelagert sogar sechs Monate und mehr.

INFO

Beef Jerky Qualität

Wichtig ist die Qualität des Fleisches. Am besten eignet sich ein mageres und zartes Fleisch aus der Hüfte oder der Oberschale. Aus einem Kilogramm Frischfleisch gewinnt man etwa 350 g Beef Jerky.

ZUNGE

Die Zunge ist eines der beliebtesten Organe und besteht vorwiegend aus Muskelgewebe. Von nahezu allen Tieren kann man die Zunge verzehren, hauptsächlich von Rind, Kalb, Lamm und Schwein.
In der asiatischen Küche werden Enten- und Gänsezungen als Delikatesse angeboten. Gepökelte und geräucherte Zungen serviert man regional als Spezialitäten. So kennt man in Niederbayern auch die gepökelte Pferdezunge und in Skandinavien geräucherte Rentierzungen. Im antiken Rom galten die Zungen von Singvögeln als besondere Delikatesse. Ein Klassiker der französischen Küche ist die Rinderzunge in Madeirasauce. In Deutschland verarbeitet man sie gerne als Zungenwurst. Da Zunge aus reinem Muskelfleisch besteht, muss sie über einen langen Zeitraum gekocht oder geschmort werden, bis sie ausreichend zart wird.

RINDERZUNGE
GESOTTEN / ASIATISCH

ZUNGE

1		Zunge, gepökelt
1		Stängel Zitronengras
100	g	Ingwer, geschält
2		Kaffir-Limettenblätter
1		thailändische Chilischote
30	g	Koriandersamen, geröstet

Die Zunge in etwa 5 Liter kochendes Wasser geben, aufkochen lassen und abschäumen. Anschließend die Gewürze zugeben und bei 80 °C 2 ½–3 Stunden ziehen lassen. Sobald die Zunge weich ist, in Eiswasser abschrecken und die Haut abziehen. Danach auskühlen lassen und der Länge nach in feine Scheiben schneiden.

GEMÜSE

60	g	Karotten
40	g	scharfe Paprika
60	g	Knollensellerie
200	g	Chinakohl
3		Korianderzweige
20	g	Fenchelgrün

Karotten, Paprika und Sellerie schälen, dann in feine Streifen schneiden. Den Chinakohl grob schneiden und mit den Gemüsestreifen mischen. Die Korianderblättchen zupfen und mit dem Fenchelgrün unter die Gemüse-Kohl-Mischung heben.

MARINADE

40	g	Honig
		Abrieb und Saft von 1 unbehandelten Limette
50	ml	helle Sojasauce
15	g	schwarzer Sesam
½		Chilischote, gehackt
		wenig Zimtpulver
		geröstete Koriandersamen, frisch gemahlen

Honig, Limettenabrieb und -saft sowie helle Sojasauce miteinander verrühren. Dann die restlichen Gewürze dazugeben und gut vermischen.

ANRICHTEN

		Limettensaft
10	g	Tasmanischer Pfeffer, geröstet

Je zwei Zungenscheiben auf den Teller legen und etwas Limettensaft daraufgeben. Das Gemüse daneben anrichten und kräftig mit der Marinade beträufeln. Zusätzlich etwas davon in einer Linie auf den Teller geben. Mit geröstetem Tasmanischem Pfeffer garnieren.

BONE PUDDING – GEFÜLLTER RINDER-MARKKNOCHEN

4 Markknochen	Eine Seite des Knochens sollte so gesägt werden, dass sie noch geschlossen ist, die andere Seite ist am besten möglichst breit.

MARKKNOCHEN

Mark aus den Markknochen
2 Bio-Eigelb
30 g Parmesan, gerieben
50 g Crème fraîche oder Sauerrahm mit hohem Fettgehalt
Meersalz
frisch gemahlener weißer Pfeffer
Zucker
Muskatnuss
Cayennepfeffer

Das Knochenmark mit einem dünnen Löffel aus den Knochen ausschaben. Das Mark auf Zimmertemperatur bringen und durch ein feines Sieb streichen, um alle Häutchen und eventuell vorhandene Knochensplitter zu entfernen. Den Ofen auf 160 °C Oberhitze vorheizen. Eigelb, Parmesan und Crème fraîche zum Mark geben und alles zu einer Masse vermengen. Diese mit den Gewürzen abschmecken und in die Knochen füllen. Im vorgeheizten Ofen etwa 30 Minuten backen.

ANRICHTEN

Safran-Hollandaise (siehe Seite 228)
Safran
Asiakresse

Die Bone Puddings auf einem Teller anrichten und einen Löffel dazu reichen. Daneben etwas Safran-Hollandaise ziehen, mit Safranfäden bestreuen und mit einigen Kresseblättchen abschließen.

TIPP

Die Knochen können immer wieder verwendet werden. Um sie zu säubern eignen sich auch Gebiss-Reinigungstabletten sehr gut.

EUTER

Das Kuheuter wurde früher als Arme-Leute-Essen angeboten. Heute kommt man relativ schwer an Kuheuter, da die Schlachttiere überwiegend Jungbullen und Färsen sind. Der Grund dafür liegt in der Tatsache, dass Kühe heutzutage hauptsächlich zur Milchproduktion beziehungsweise Mutterkuhhaltung gezüchtet werden. Zur Fleischproduktion werden zum größten Teil Mastbullen verwendet. Eine gängige Zubereitungsmethode ist, es zunächst mit Wurzelgemüse über einen längeren Zeitraum zu kochen, um es danach wie gekochtes Rindfleisch weiterzuverarbeiten. Generell besitzt das Euter eine feste Struktur und einen milchigen Geschmack. Beim berühmten Berliner Schnitzel wird das gekochte Kuheuter in einer Panade nach Wiener Art zubereitet und mit einer Meerrettich-Senf-Sauce serviert. Im Fränkischen kennt man das gekochte Euter auch unter dem Namen „Schnickerli".

GESOTTENES KUHEUTER
BUTTERMILCH / MALZBIER / CHICORÉE

KUHEUTER

1,2 kg	Euter
1	Lorbeerblatt
3	Petersilienstängel
1	geschälte Zitrone in Scheiben
	Salz
	frisch gemahlener schwarzer Pfeffer
200 g	Mehl
2	Eier
70 g	weißer Sesam
	neutrales Öl zum Ausbacken

Das Euter sorgfältig putzen und in kochendes Salzwasser geben, aufkochen lassen und entschäumen. Anschließend bei 80 °C etwa 2 Stunden ziehen lassen. Die Kräuter und die Zitronenscheiben dazugeben und für 2 weitere Stunden ziehen lassen. Wenn das Kuheuter weich geworden ist, über Nacht im Fond auskühlen lassen. Am nächsten Tag entnehmen und trocken tupfen. Das Euter in eine rechteckige Form bringen und mit einer Aufschnittmaschine in dünne Scheiben schneiden. Die Abschnitte des Euters in kleine Würfel schneiden, diese mit Salz und Pfeffer würzen und anschließend mit Mehl, Ei und Sesam panieren. In heißem Fett goldbraun ausbacken.

CHICORÉE

2	Chicoréestauden
40 g	Butter

Den Chicorée der Länge nach halbieren und vierteln, dann in etwas zerlassener Butter 2 Minuten anbraten.

ZUCKERSCHOTEN

100 g	Zuckerschoten
	Salz
	Zucker
	Zitronensaft

Die Zuckerschoten ebenfalls halbieren, mit Salz und Zucker marinieren und etwa 20 Minuten ziehen lassen. Etwas Zitronensaft zugeben und eventuell mit Salz und Zucker nachschmecken. In feine Scheiben schneiden.

MALZBIER-REDUKTION

500 ml	Malzbier
50 g	Honig

Das Malzbier mit dem Honig aufkochen und so lange reduzieren lassen, bis etwa 100 ml übrig bleiben.

BUTTERMILCH

200 ml	Buttermilch
	Salz, Zucker
	Abrieb und Saft von 1 unbehandelten Zitrone

Die Buttermilch mit Salz, Zucker sowie Zitronenabrieb und -saft verrühren.

ANRICHTEN

- Saft von 1 Zitrone
- Schweine-Popcorn (siehe Seite 114) mit Purple Curry (Ingo Holland)
- Dillspitzen

Je drei Scheiben Kuheuter überlappend auf dem Teller anrichten, leicht salzen und mit Zitronensaft beträufeln. Daneben drei Würfel panierte Kuheuter legen. Den Chicorée mit den Zuckerschoten arrangieren, mit Schweine-Popcorn und Dill bestreuen. Zum Schluss Buttermilch und Malzbier-Reduktion aufträufeln.

HODEN
(STIERHEBERL, STIERBEUTEL)

Stier- oder Lammhoden haben heutzutage einen sehr schwierigen Stand und sind von den deutschen Speisekarten fast gänzlich verschwunden. In der bayerischen Innereienküche findet sich noch das ein oder andere Gericht, das mit Stierhoden zubereitet wird. Im Französischen werden sie auch als „Weiße Nieren" und in den USA als „Rocky Mountain Oysters" bezeichnet. In Spanien, vor allem in den Stierkampf-Regionen, werden Hoden als „Cojones" angeboten und kurzgebraten als Pfannengericht zubereitet. In Deutschland sind Hoden gemäß der Fleischhygiene-Verordnung zugelassen. Die Metzger unter sich haben zum Zwecke von Mutproben und abergläubisch potenzfördernder Wirkung die Hoden gerne für sich selbst behalten und gegessen. Hoden sollten gut gewässert und blanchiert werden. Danach kann man sie kochen, backen oder braten. Die Textur erinnert ein wenig an Weißwurst

ROCKY MOUNTAIN OYSTERS
BOHNEN / SPECK

ROCKY MOUNTAIN OYSTERS

- 2 Bullenhoden
- Salz
- Zucker
- 40 ml Rapsöl
- 30 g Butter
- 1 Thymianzweig
- 1 Rosmarinzweig
- 1 Knoblauchzehe

Die Bullenhoden von der äußeren Haut befreien, indem man die Haut längs vorsichtig einschneidet und mit dem Daumen den Hoden herausschält. Anschließend die Hoden in Scheiben schneiden, waschen und trocken legen. Mit Salz sowie Zucker würzen und in einer heißen Pfanne in Rapsöl für etwa 3 Minuten scharf anbraten. Das Fleisch herausnehmen, etwas Butter in die Pfanne geben und Thymian, Rosmarin und Knoblauch hinzufügen. Die Hoden darin für weitere 2 Minuten goldbraun nachbraten.

BOHNEN

- 100 g große Bohnen, 24 Stunden in Wasser eingeweicht
- 60 g Zwiebeln, gewürfelt
- 50 g Karotten, gewürfelt
- 50 g Sellerie, gewürfelt
- 50 g Speck, fein geschnitten
- 50 ml Olivenöl
- 125 g Tomatenpüree
- 10 g frischer Thymian und Rosmarin, fein gehackt
- Salz
- frisch gemahlener schwarzer Pfeffer
- Zucker

Die Bohnen in Salzwasser weich kochen und abgießen. Etwas Kochwasser zur Seite stellen. Das Gemüse und den Speck in Olivenöl glasig braten, mit Tomatenpüree ablöschen und etwas vom beiseitegestellten Kochwasser unterrühren. Für 10 Minuten köcheln lassen. Dann Thymian und Rosmarin dazugeben und mit Salz, Pfeffer und Zucker abschmecken. Die Bohnen unterziehen und für etwa 15 Minuten ziehen lassen.

SPECK

- 4 Scheiben Bauchspeck

Die Speckscheiben auf ein mit Backpapier ausgelegtes Backblech geben und im vorgeheizten Ofen bei 160 °C Heißluft etwa 15 Minuten kross ausbacken.

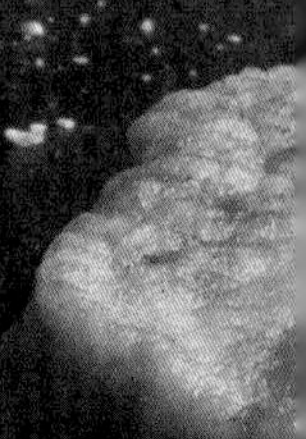

ANRICHTEN

- Erbsensprossen
- frisch gemahlener schwarzer Pfeffer

Die Bohnen auf einen Teller geben, die gebratenen Hodenscheiben darauf oder daneben anrichten. Die Speckscheiben in die Bohnen stecken. Mit Erbsensprossen garnieren und etwas Pfeffer darübermahlen.

RED-BULL-HODEN

MEERRETTICH / KAVIAR / BROT-KORALLE

RED-BULL-HODEN

- 2 Bullenhoden
- 12 g Salz
- 5 g Zucker
- 125 ml Rote-Bete-Saft
- 10 g Kümmel

Die Bullenhoden von der äußeren Haut befreien, indem man die Haut längs vorsichtig einschneidet und mit dem Daumen den Hoden herausschält. Danach die Hoden salzen und zuckern. In einen Vakuumbeutel legen und den Rote-Bete-Saft sowie Kümmel dazugeben. Den Beutel vakuumieren und das Fleisch bei 72 °C etwa 2 Stunden im Sous-vide-Becken garen.

WACHTELEIER

- 8 Wachteleier

Die Wachteleier in kochendem Wasser 2 Minuten und 45 Sekunden kochen, danach abschrecken und schälen.

BROT-KORALLE

- 250 g Eigelb
- 10 g Koriander, gemahlen
- 10 g Fenchelsamen, gemahlen
- 40 ml Olivenöl
- 20 g Butter
- 20 g Zucker
- 8 g Salz
- 160 g Eiweiß
- 50 g Mehl
- 5 gestrichene Portionslöffel Emulzoon (Biozoon)

Das Eigelb mit Koriander und Fenchel fein mixen. Olivenöl, Butter, Zucker, Salz und Eiweiß zugeben und leicht aufschlagen. Dann Mehl und Emulzoon zugeben und kurz unterrühren. In Plastik- oder Styroporbecher füllen und in der Mikrowelle bei 400 Watt etwa 30 Sekunden garen. Herausnehmen und auf einem Gitter abkühlen lassen.

ANRICHTEN

- 30 g Saiblingskaviar
- Brunnenkresse
- Olivenöl
- Rote-Bete-Saft
- Meerrettich, frisch gerieben

Die Bullenhoden aus dem Beutel nehmen und in Scheiben schneiden. Mit je zwei Wachteleiern und Brot-Korallen anrichten. Den Saiblingskaviar auf die Wachteleier geben und das Ganze mit etwas Brunnenkresse garnieren. Mit Olivenöl, Rote-Bete-Saft und frischem Meerrettich abschließen.

BLUTRISOTTO
GEKOCHTER KALBSKOPF / RADIESCHEN-SPINAT

KALBSKOPF

1		Kalbsmaske
7,5	l	Wasser
1		Karotte, klein geschnitten
150	g	Knollensellerie, klein geschnitten
2		Zwiebeln, klein geschnitten
1		Lauchstange, klein geschnitten
1		Knoblauchzehe
50	g	Salz
10		schwarze Pfefferkörner
5		Nelken
6		Wacholderbeeren
1		Lorbeerblatt
1		Liebstöckelzweig
2		Petersilienzweige
		Pflanzenöl
		Butter

Die Maske in kochendes Salzwasser geben, aufwallen lassen und den Schaum abschöpfen. Danach den Herd auf 80 °C stellen und die Maske etwa 2 Stunden darin ziehen lassen. Gemüse, Gewürze und Kräuter dazugeben und nochmals für etwa 1 Stunde ziehen lassen.

Im Anschluss die Maske herausnehmen. Danach die weiße Haut am Maul entfernen und eventuell Haare und Blutgerinnsel. Die Maske am Stück auskühlen lassen und in Würfel schneiden. Man kann sie jedoch auch in noch heißem Zustand in grobe Stücke schneiden, dann in eine Form pressen und über Nacht auskühlen lassen. So fällt es leichter, gleichmäßige Stücke oder Scheiben zu schneiden. Die Stücke salzen und pfeffern und in Öl und Butter ausbraten.

BLUTRISOTTO

3		kleine Schalotten, gewürfelt
		Butter
160	g	Risottoreis
80	ml	Weißwein
600	ml	heiße Geflügelbrühe
		Salz
		frisch gemahlener schwarzer Pfeffer
100	g	Butter
80	g	Parmesan, fein gerieben
80	ml	frisches Schweineblut
8	g	Majoran, gerebelt

Die Schalottenwürfel in etwas Butter glasig dünsten, dann den Reis zugeben und ebenfalls dünsten, bis er glasig ist. Mit dem Weißwein ablöschen und reduzieren, danach immer wieder mit etwas heißer Brühe ablöschen und unter ständigem Rühren den Reis gar ziehen lassen.

Mit Salz und Pfeffer abschmecken. Solange der Reis noch Biss hat, schrittweise die Butter und den Parmesan dazugeben, bis eine geschmeidige, cremige Masse entsteht. Erst kurz vor dem Servieren das Blut unterrühren und den Risotto mit Majoran verfeinern.

RADIESCHEN-SPINAT

4		Bund Radieschenblätter (sie sollten ganz frisch sein).
50	g	Butter
		Salz
		frisch gemahlener schwarzer Pfeffer
		Muskatnuss

Die Radieschenblätter waschen und trocknen lassen. Die Butter in einer Pfanne anbräunen und die Blätter darin etwa 3 Minuten braten. Mit Salz, Pfeffer und Muskat abschmecken.

ANRICHTEN

50	g	Sauerrahm
		Abrieb und Saft von 1 unbehandelten Zitrone
		Salz, Zucker
		frisch gemahlener schwarzer Pfeffer
		Parmesan, gehobelt
		Kresse

Den Sauerrahm mit Zitronenabrieb und -saft verrühren und mit Salz, Zucker und Pfeffer abschmecken. Den Risotto auf einem Teller anrichten und die gebratenen Kalbskopfwürfel darübergeben. Daneben den Radieschen-Spinat anrichten und etwas Sauerrahm über das Gericht ziehen. Mit Parmesanspänen und etwas Kresse abschließen.

OCHSENMAUL
ASIATISCH

400	g	Ochsenmaul, in dünne Scheiben geschnitten

VINAIGRETTE

30	g	frischer Ingwer
1		Knoblauchzehe, gerieben
1		Chilischote, halbiert und ohne Kerne
1		Stängel Zitronengras, fein geschnitten
20	ml	Reisessig
50	g	Palmzucker
10	ml	Fischsauce
10	g	Koriandersamen, geröstet
1		Limettenblatt
100	ml	Geflügelfond (siehe Seite 232)
		Abrieb und Saft von 2 unbehandelten Limetten
		Meersalz
		Honig
20	ml	Sesamöl
20	ml	Limettenöl
50	g	Karotten, in feine Streifen geschnitten
50	g	Sellerie, in feine Streifen geschnitten
		Zucker

Ingwer, Knoblauch, Chilischote, Zitronengras, Reisessig, Palmzucker, Fischsauce, Koriander und das Limettenblatt zum Geflügelfond geben und einmal aufkochen lassen. Danach für etwa 30 Minuten ziehen lassen und durch ein Sieb passieren. Den Fond abkühlen lassen. Anschließend Limettenabrieb und -saft dazugeben und mit Salz abschmecken. Sollte Süße fehlen, etwas Honig dazugeben. Mit Sesam- und Limettenöl verfeinern. Die Karotten- und Selleriestreifen mit etwas Salz und Zucker marinieren. Dann Gemüse und Ochsenmaul vermischen und mit der Vinaigrette etwa 1 Stunde marinieren. Etwas von der Vinaigrette zur Seite stellen. Diesen Grundsalat kann man auch bereits am Vortag marinieren.

ANRICHTEN

50	g	Koriander oder Japanische Kresse
3		Frühlingszwiebeln, hauchdünn geschnitten
		weißer und schwarzer Sesam

Die Ochsenmaulscheiben auf einem Teller anrichten und etwas Salat daraufgeben. Vor dem Servieren Koriander oder Kresse sowie die Frühlingszwiebeln aufstreuen. Daneben einige Tupfen Vinaigrette geben und mit weißem und schwarzem Sesam bestreuen.

INFO

Ochsenmaul oder Flotzmaul ist eine süddeutsche Spezialität und besteht aus der Lippe des Rindes. Es ist bereits gekocht und fein geschnitten beim Fleischer Ihres Vertrauens erhältlich.

BEUSCHERL-CAPPUCCINO

LUNGE / WASABIRAUKE / PURPLE CURRY

BEUSCHERL-CAPPUCCINO

1		Kalbsherz
½		Kalbslunge
2		Zwiebeln, geschält
4		Lorbeerblätter
8		Nelken
200	g	Butter
150	g	Mehl
60	g	Essiggurken
5	g	Majoran
50	ml	Essiggurkensaft
		Salz
		frisch gemahlener schwarzer Pfeffer
200	g	Sahne

Herz und Lunge 14 Stunden wässern, danach in kochendes Salzwasser geben, aufkochen lassen und abschäumen. Die Zwiebeln mit Lorbeerblättern und Nelken spicken, dann dazugeben. Da die Lunge nach oben drückt, ist es ratsam, eine Schüssel mit Wasser auf den Topf zu stellen, um sie unter Wasser zu halten. Somit gart sie besser. Für etwa 3 Stunden ziehen lassen, bis Herz und Lunge weich sind. Über Nacht im Fond auskühlen lassen. Am nächsten Tag das Herz und die Lunge entnehmen und 1 Liter Fond zur Seite stellen. Beides von den großen Blutgefäßen befreien. 120 g Lunge in Würfel schneiden und beiseitestellen. Das restliche Fleisch zuerst in dünne Scheiben, dann in dünne Streifen schneiden. Die Butter zerlassen und das Mehl leicht darin rösten. Bevor das Mehl Farbe annimmt, mit dem Fond von Herz und Lunge auffüllen. (Beim normalen Beuscherl wird eine dunkle Mehlschwitze gemacht.) Das Ganze gut durchkochen lassen. Die Essiggurken in Streifen schneiden und dazugeben. Die Herz- und Lungenstreifen, den Majoran und den Essiggurkensaft ebenfalls hinzufügen. Mit Salz und Pfeffer abschmecken und etwa 1 Stunde ziehen lassen. Danach bis etwa auf die Hälfte reduzieren und die Sahne dazugeben, aufkochen lassen und fein mixen.

LUNGE

120	g	Lungenwürfel, gekocht (s.o.)
20	g	Zucker
30	ml	dunkler Balsamicoessig

Die beiseitegelegten Lungenwürfel mit dem Zucker in einer Pfanne karamellisieren und mit dem Balsamico ablöschen, um sie zu glasieren.

BROTCHIPS

1 Laib Brot, z. B. Baguette

Das Brot der Länge nach in dünne Scheiben schneiden und unter dem Salamander trocknen. Dann in kleinere Chips brechen.

ANRICHTEN

Wasabirauke
Purple Curry (Ingo Holland)
Olivenöl

Den Beuscherl-Cappuccino in Gläser füllen, die Lungenwürfel daraufgeben und mit Purple Curry sowie etwas Olivenöl garnieren. Mit einem Brotchip und Wasabirauke fertigstellen.

SAURE LUNGE
EI / SENF / KAVIAR

SAURE LUNGE

1	Kalbslunge
½	Kalbsherz
1	Knoblauchzehe
1	Karotte, grob gewürfelt
1	Zwiebel, grob gewürfelt
½	Lauchstange, in Ringe geschnitten
	Piment
4	Lorbeerblätter
1	Liebstöckelzweig
80 ml	Pflanzenöl
150 g	Mehl
50 ml	Holunderblütenessig (Selektion Antoniewicz)
50 ml	Rotwein
	Salz
	frisch gemahlener schwarzer Pfeffer

Lunge und Herz gut wässern und von Blut und Arterien befreien. In einem Topf mit 2 Litern Wasser, Knoblauch und dem grob gewürfelten Gemüse aufsetzen. Piment, Lorbeer und Liebstöckel zugeben und etwa 2 Stunden bei 80 °C köcheln lassen.

Danach die Fleischteile herausnehmen, auskühlen lassen und in kleine Stücke schneiden. Den Fond durch ein Sieb passieren und auf die Hälfte einreduzieren. Das Öl mit dem Mehl in einen Topf geben und eine braune Mehlschwitze herstellen. Diese mit Essig und dem Rotwein ablöschen und leicht einkochen lassen. Den Kochsud und die geschnittenen Innereien dazugeben. Mit etwas Essig, Salz und Pfeffer abschmecken. Zur Bindung eignet sich auch etwas Kalbs- oder Ochsenblut.

ANRICHTEN

2	Eier
1	Kerbelzweig
4 EL	Senf
4 EL	grober schwarzer Senfkaviar
	Chiliflocken

Die Eier 8 Minuten kochen und in Eiswasser abschrecken, anschließend halbieren und den Dotter herausnehmen, das Eiweiß klein hacken. Saure Lunge auf den Teller geben und etwas Eiweiß darauf anrichten. Mit Kerbel garnieren. Etwas Senf sowie eine Nocke Senfkaviar danebensetzen. Eine Linie aus Chiliflocken über den Teller ziehen.

SCHLUND

Der Rinderschlund fand früher vor allem bei der Herstellung von Gelbwurst als Darmersatz Verwendung. Seit sich bei der Wurstherstellung vielfach der Kunstdarm durchgesetzt hat, sieht man die traditionelle Gelbwurst im Rinderschlund nur noch selten.

GELBWURST VOM FLUSSKREBS IM RINDERSCHLUND

FENCHEL-ORANGEN-SALAT

GELBWURST

- 1 Rinderschlund
- 200 g Kalbfleisch von der Schulter, ohne Sehnen
- 100 g Schweinerückenspeck
- 10 g Salz
- 2 g frisch gemahlener schwarzer Pfeffer
- 1 g Muskatnuss
- 1 g geröstete Koriandersamen, gemahlen
- 80 g Kalbshirn
- 60 g Sahne
- 3 g Kurkuma
- 50 g Schwanzfleisch von Flusskrebsen, gekocht

Das Fleisch des Schlundes vorsichtig einschneiden, damit die Gurgelhaut zum Vorschein kommt. Nun vorsichtig das Fleisch von der Gurgelhaut ziehen, um Gurgelhaut von Gurgelfleisch zu trennen. Das Fleisch beiseitestellen, es wird für dieses Rezept nicht benötigt. Es kann für Ragouts, Saucen oder Fonds verwendet werden. Für die Gelbwurst wird nur die Gurgelhaut benötigt, die hier als Darmersatz Verwendung findet.

Das Kalbfleisch und den Rückenspeck in kleine Würfel schneiden und mit Salz, Pfeffer, Muskat und Koriander würzen; etwa 1 Stunde ziehen lassen. Das Kalbshirn wässern und von dem feinen Häutchen lösen, das es umgibt. Alle kleinen Blutgerinnsel sollten entfernt sein und es sollte komplett weiß aussehen.
Das Kalbfleisch und den Rückenspeck durch die feine Scheibe des Fleischwolfes drehen. Anschließend in einen Kutter geben und fein kuttern. Sahne sowie Hirn und Kurkuma dazugeben und so lange kuttern, bis eine homogene Masse entstanden ist. Die Flusskrebsschwänze in Würfel schneiden und unter die Masse rühren. Diese mithilfe eines Spritzbeutels oder einer Wurstfüllmaschine in die Gurgelhaut füllen. Auf beiden Seiten mit Küchengarn verschließen. Die Wurst bei 78 °C etwa 40 Minuten in heißem Wasser ziehen lassen.

FENCHEL-ORANGEN-SALAT

- 4 Fenchelknollen
- 8 g Salz
- 5 g Zucker
- 20 ml Pernod
- 2 Orangen
- 50 g Karotten, gewürfelt
- Fenchelgrün, fein geschnitten
- Abrieb und Saft von 1 unbehandelten Zitrone
- 30 ml Olivenöl

Die Fenchelknollen auf der Aufschnittmaschine der Länge nach hauchdünn schneiden und mit Salz, Zucker und Pernod marinieren. Die Orangen schälen und filetieren, den Rest der Orange ausdrücken und den Saft zu den Orangen geben. Beides mit Fenchel, Karottenwürfeln, Fenchelgrün, Zitronenabrieb und -saft vermischen und mit dem Olivenöl verfeinern.

ANRICHTEN

Die Gelbwurst heiß mit dem Salat anrichten, sollten die Scheren des Flusskrebses groß genug sein, kann man diese anknacken und dazu servieren.

FLANKE RÜCKWÄRTS

TOMATE / MANGO / LANGER PFEFFER

RINDERFLANKE

- 400 g Rinderflanke
- 1 EL Salz
- 1 EL Zucker
- 1 Rosmarinzweig
- 1 Thymianzweig
- 4 Körner Langer Pfeffer (Ingo Holland)
- 50 g Butter
- Pflanzenöl

Die Flanke salzen und zuckern, mit den Kräutern, dem Pfeffer und der Butter vakuumieren. Anschließend bei 54 °C für 45 Minuten in ein Sous-vide-Becken geben. Dann aus dem Beutel nehmen und in einer Pfanne kurz von beiden Seiten scharf in Pflanzenöl anbraten.

TOMATEN-MANGO-VINAIGRETTE

- 1 Ochsenherztomate
- Salz
- frisch gemahlener schwarzer Pfeffer
- Zucker
- 4 EL Mangoessig
- 8 EL Traubenkernöl
- Mark von ½ Vanilleschote

Die Tomate vierteln und das Fruchtfleisch in Würfel schneiden, dann beiseitestellen. Das Innere und die Kerne vorsichtig durch ein Sieb drücken. Den passierten Tomatensaft mit Salz, Pfeffer, Zucker, Essig und Öl pürieren. Anschließend die Tomatenwürfel und das Mark der Vanille zugeben.

ANRICHTEN

- Murray River Pink Salt Flakes

Die Flanke quer zur Faser tranchieren, ein Stück auf den Teller geben und etwas Pink Salt aufstreuen. Die Vinaigrette daneben anrichten.

WICHTIG

Auf eine gute Marmorierung des Fleisches achten (Beef Marbling Standard 6–8, mehr dazu siehe Seite 246/247).

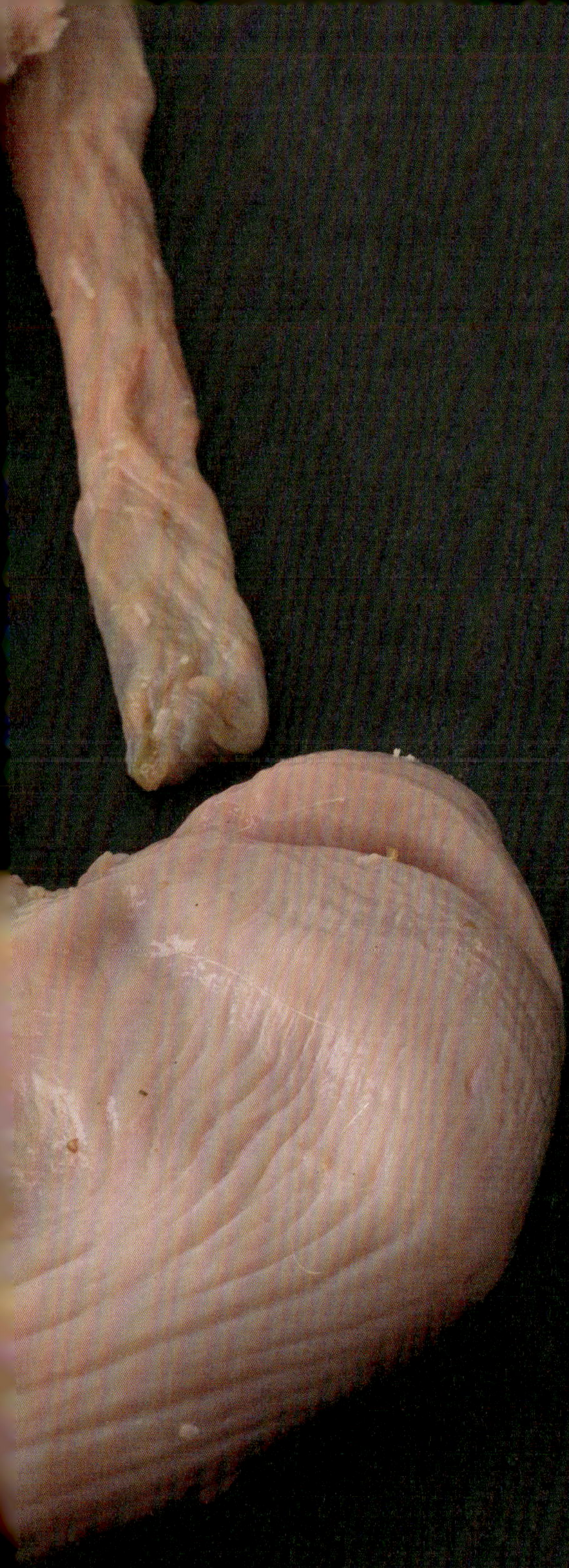

MAGEN

Magen kann auf verschiedenste Art und Weisen zubereitet werden. Während er bei Geflügel vollständig gebraten verzehrt werden kann, dient er zum Beispiel beim Schwein als Wursthülle.
Ein klassisches Beispiel ist der Pfälzer Saumagen. Die Mägen von Rindern werden in traditionellen Gerichten wie Saure Kutteln oder Flecke verarbeitet. Diese bestehen aus gekochtem und geputztem Pansen. Auch das schottische Nationalgericht „Haggis" wird in den Schafsmagen gefüllt. Der Magen dient hierbei lediglich als Form, wie auch der Wurstdarm. Er wird aufgrund seiner festen Konsistenz in der Regel nicht mitverzehrt.

MAURERS KUDDELMUDDEL MIT EI

KUTTELRAGOUT

- 50 g Karotten
- 50 g Schalotten
- 50 g Staudensellerie
- 2 Knoblauchzehen, angeschlagen
- 400 g Rinderkutteln (geputzt, vorgekocht und in Streifen geschnitten)
- 50 g Butter
- 50 ml heller Balsamicoessig
- 100 ml Weißwein (Grüner Veltliner)
- 150 g Crème fraîche
- 100 g alter Pecorino, grob gerieben
- Salz
- Cayennepfeffer

Karotten und Schalotten schälen, die Fäden des Selleries abziehen. Das Gemüse in Brunoise schneiden. Etwas davon für die Dekoration zur Seite stellen. Das Gemüse, die angeschlagenen Knoblauchzehen und die Kutteln in einer Pfanne in Butter anschwitzen und mit Essig sowie dem Weißwein ablöschen. Die Flüssigkeit auf ein Drittel reduzieren lassen, anschließend die Crème fraîche und den Pecorino unterheben. Mit Salz und Cayennepfeffer würzig abschmecken.

ANRICHTEN

- 4 Eier
- grob gemahlener schwarzer Pfeffer
- 2 Majoranzweige, gezupft

Das Kuttelragout in einen tiefen Teller geben. Ein frisches Eigelb in der Mitte platzieren, mit den beiseitegestellten Gemüsebrunoise, grob gemahlenem Pfeffer und frischen Majoranblättern garnieren.

TOULOUSER RAGOUT

SCHWARZWURZEL / HAHNENKAMM / MORCHEL

TOULOUSER RAGOUT

200 g	Fleisch (Rinder- oder Kalbsflanke bzw. Bavette)	
	Salz	
	Zucker	
250 ml	Weißwein	
½	Zwiebel	
2	Nelken	
1	Lorbeerblatt	
100 g	Butter	
120 g	Mehl	

Das Fleisch von den Sehnen befreien, in Würfel schneiden und mit Salz, Zucker und Weißwein etwa 1 Stunde marinieren. Danach das Fleisch in kochendes Salzwasser geben und einmal aufkochen lassen, dann abschäumen. Die Zwiebel mit den Nelken spicken und zusammen mit dem Lorbeerblatt dazugeben. Das Ganze etwa 40 Minuten ziehen lassen, bis das Fleisch weich ist. In der Zwischenzeit aus Butter und Mehl eine helle Mehlschwitze herstellen und diese kalt werden lassen. Wenn das Fleisch gar ist, herausnehmen und beiseitestellen. Den noch heißen Fond auf die kalte Mehlschwitze geben und eine sämige weiße Sauce kochen. Die Sauce im Anschluss etwa 10 Minuten kochen lassen und das Fleisch wieder dazugeben.

HAHNENKAMM

4	Hahnenkämme

Die Hahnenkämme in Salzwasser etwa 2 Stunden kochen, bis sie weich geworden sind. Dann abschrecken und die äußerste Haut abziehen.

SCHWARZWURZEL-TAGLIATELLE

4	Schwarzwurzeln
	Salz
	Zucker
	Tasmanischer Pfeffer

Die Schwarzwurzeln gründlich waschen, schälen und in hauchdünne Scheiben schneiden. Mit Salz und Zucker etwa 30 Minuten marinieren. Dann mit Tasmanischem Pfeffer würzen.

MORCHELN

200 g	Morcheln
80 g	Butter
	Salz
	Borretschblätter

Die Morcheln gründlich waschen und trocknen lassen. Die Butter in einer Pfanne braun aufschäumen und die Morcheln dazugeben. Mit Salz abschmecken, die Borretschblätter dazugeben und für etwa 3 Minuten braten.

ANRICHTEN

Kerbel

Die Schwarzwurzel-Tagliatelle mit etwas Kerbel bestreuen und neben dem Ragout anrichten, die Morcheln mit etwas Borretsch danebenlegen und je einen Hahnenkamm dazusetzen. Wer möchte, kann den Hahnenkamm auch panieren.

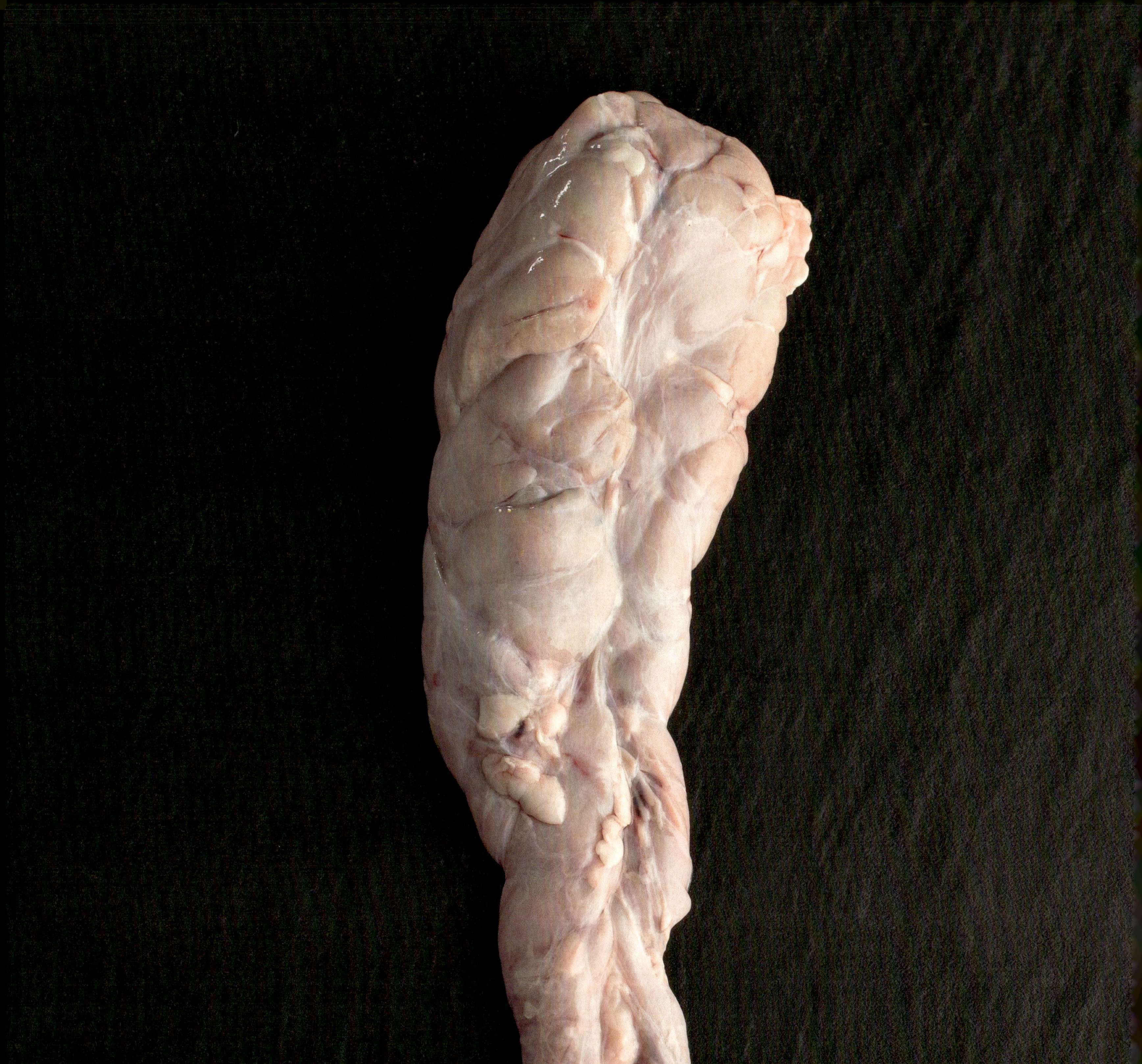

BRIES
(THYMUS, MILKE, SCHWESER)

Der Thymus ist die Königin unter den Innereien und gilt international als Delikatesse. Es handelt sich um die Wachstumsdrüse von Kalb und Lamm. Sie sitzt unter der Brust und ist beim Kalb 250 bis 300 Gramm schwer. Die Drüse ist verantwortlich für die Immunabwehr bei säugenden Tieren und bildet sich mit dem Erwachsenwerden vollständig zurück. Es wird verarbeitet wie Hirn und in Salzwasser unter dem Siedepunkt sanft gekocht. Bries kann auf viele Arten zubereitet werden, am gängigsten ist es gebraten, gebacken und pochiert.

GOLDENES KALB

BRIES / BLATTGOLD / ROMANESCO

KALBSBRIES

4	Kalbsbries
1 l	Geflügelfond (siehe Seite 232)
½	Zwiebel, geschält
2	Petersilienstängel
1	Lorbeerblatt
2	Nelken
	Salz
	Zucker

Das Kalbsbries gut wässern und kleine Blutgerinnsel entfernen. In den kochenden Geflügelfond geben, aufkochen lassen und abschäumen. Zwiebel, Kräuter und Gewürze dazugeben. Bei 80 °C etwa 1 Stunde ziehen lassen.

KARTOFFELKNÖDEL

1 kg	mehligkochende Kartoffeln, geschält
	Salz
	Muskatnuss
100 g	Kartoffelstärke
100 g	Butter
80 g	Semmelbrösel

Die Kartoffeln weich kochen und gut austrocknen lassen. Dann durch eine Kartoffelpresse drücken. Mit Salz und Muskat würzen, die Stärke dazugeben und zu einem geschmeidigen Teig verarbeiten. Aus dem Teig Knödel formen und in Salzwasser etwa 25 Minuten ziehen lassen. In einem Topf die Butter aufschäumen und die Semmelbrösel darin leicht braun anrösten.

ANRICHTEN

- Blattgold
- Béchamelsauce (siehe Seite 232)
- Romanescoröschen (alternativ Blumen- oder Rosenkohl)
- Apfeljulienne
- Gartenkresse

Die Romanescoröschen in Salzwasser blanchieren und mit Eiswasser abschrecken. Vor dem Anrichten die äußerste Haut des Fleisches vorsichtig entfernen. Das heiße Kalbsbries mit dem Blattgold garnieren und auf einem Teller anrichten. Die Knödel in Scheiben schneiden, mit der Semmelbrösel-Butter-Mischung beträufeln und danebensetzen. Mit etwas Béchamelsauce, Romanescoröschen, Apfeljulienne und Gartenkresse garnieren.

SEMERROLLE, BLITZGERÄUCHERT

SPARGEL / HOLLANDAISE VOM WAGYU-NIERENFETT

SEMERROLLE

320 g Bresaola oder Bündnerfleisch aus der Semerrolle

Die Semerrolle hauchdünn aufschneiden.

SPARGELSALAT

8 Stangen grüner Spargel
Salz
Zucker
1 EL Holunderblütenessig (Selektion Antoniewicz)
2 EL Olivenöl
frisch gemahlener schwarzer Pfeffer
1 TL Ringelblumenblüten, gezupft
1 TL Kornblumen

Das untere Drittel des grünen Spargels schälen. Die Spargelstangen schräg schneiden und mit Salz und Zucker marinieren, bis sie Wasser ziehen. Dann mit Essig, Öl, Pfeffer und den Blüten marinieren.

ANRICHTEN

1 EL Applewood-Räucherspäne
Wagyu-Hollandaise (siehe Seite 228)

Die Semerrolle unter einer Glascloche mit der Räucherpistole und den Applewood-Spänen räuchern. Daneben den Spargelsalat und die Sauce Hollandaise anrichten.

ZIEHER

GESOTTENE BRUST

WURZELWERK / CONSOMMÉ-LUFT / PIMPINELLE

RINDERBRUST

1 kg Rinderbrust
Salz
Zucker
Pflanzenöl
3 Zwiebeln
1 Petersilienwurzel
1 Karotte
1 Knollensellerie
3 Nelken
2 Lorbeerblätter
1 Bund Schnittlauch
frisch gemahlener schwarzer Pfeffer
1 EL Sojalecithin

Die Rinderbrust salzen und zuckern und in einem großen Topf von beiden Seiten scharf in Pflanzenöl anbraten. Die Hälfte des Gemüses schälen, grob würfeln und mit der Rinderbrust und 2 Litern Wasser kalt ansetzen. Die Nelken und die Lorbeerblätter zugeben. Für 2 Stunden bei 80 °C köcheln, bis die Brust zart ist und leicht von der Fleischgabel fällt. Dann das Fleisch herausnehmen, grob vom Fett befreien und beiseitestellen. Das restliche Gemüse und den Schnittlauch in feine Julienne und Brunoise schneiden und in der Restwärme der heißen Brühe ziehen lassen. Die Brühe mit Salz, Zucker und Pfeffer abschmecken, durch ein Tuch passieren und auf ein Drittel reduzieren lassen. Ein Drittel der Brühe mit Sojalecithin anrühren und mithilfe einer Aquariumpumpe aufschäumen.

ANRICHTEN

2 Pimpinellenzweige

Das Fleisch in Würfel schneiden. Etwas Brühe in einem Schälchen anrichten und darauf die Gemüsebrunoise sowie die Fleischwürfel, garniert mit Gemüsejulienne, geben. Tupfen der Consommé-Luft danebensetzen und mit etwas Pimpinelle garnieren.

WIENER BRUCKFLEISCH

BÖHMISCHER KNÖDEL / LICHTELN EINGELEGTE GURKE

WIENER BRUCKFLEISCH

1 kg	Innereien (Leber, Herz, Lunge, Schopf, Bries)
200 g	Knollensellerie
100 g	Karotten
250 g	Zwiebeln
60 g	Butter
	Salz
	Zucker
25 g	Mehl
125 ml	Rotwein
500 ml	Fleischbrühe
	Majoran, gerebelt

Die Innereien in feine Streifen oder Würfel schneiden. Sellerie und Karotte schälen und fein reiben, die Zwiebel ebenfalls schälen und fein schneiden. Das Gemüse in der Butter anschwitzen. Danach die Innereien dazugeben, mit Salz und Zucker würzen und zunächst im eigenen Saft dünsten. Dann mit dem Mehl bestäuben und mit Rotwein ablöschen, etwa auf die Hälfte reduzieren lassen. Anschließend mit der Fleischbrühe auffüllen und alles zusammen weich garen. Nochmals nachschmecken und mit dem Majoran verfeinern.

BÖHMISCHE KNÖDEL

1 kg	Mehl
1	Hefewürfel
20 g	Zucker
300 ml	lauwarmes Wasser
25 g	Salz
2	Eier

Das Mehl in eine Schüssel geben und in der Mitte eine Mulde formen. Hefe, Zucker und etwas lauwarmes Wasser in die Mulde geben. Für 10 Minuten abgedeckt stehen lassen, bis die Hefe anfängt aufzugehen. Danach den Rest des Wassers, Salz und die Eier dazugeben und zu einem geschmeidigen Teig kneten. Abgedeckt um das Doppelte aufgehen lassen. Den Teig in vier gleich große Stücke schneiden und in Salzwasser etwa 25 Minuten ziehen lassen. Die Knödel aus dem Topf holen und mithilfe eines Fadens in Scheiben schneiden. Diese wiederum in Rechtecke schneiden. Heiß servieren.

LICHTELN

2-3	Lichteln (Herzröhren)
	Pflanzenöl

Die Lichteln gut waschen, danach in Salzwasser etwa 2 Stunden kochen. Herausnehmen und in feine Scheiben schneiden. Das Fleisch in einer Pfanne mit Öl kross ausbraten.

ANRICHTEN

Essig- oder Gewürzgurken
geräuchertes Paprikapulver (Pimentón de la Vera)

Die Gurken in beliebiger Form schneiden. Etwas Bruckfleisch mit Sauce auf den Teller geben und daneben die Knödelrechtecke anrichten, etwas Pimentón aufstreuen. Die Lichteln auflegen und den Teller mit den Gurken fertigstellen.

INFO

Bruckfleisch sollte möglichst vom Vortag aufgewärmt serviert werden, da sich dadurch der Geschmack verbessert. Benannt ist es nach der Schlacht- bzw. Schlagbrücke (Schlagbruckn), dem Tresen, an dem man direkt beim Schlachter die frischen Innereien kaufen konnte.

REZEPTE | SCHWEIN

REZEPTE | SCHWEIN

Im Folgenden aufgezeigte Teilstücke des Schweines werden in den Rezepten dieses Kapitels verarbeitet:

BAUCH

In Bayern und Österreich auch „Wammerl" genannt, ist er jedoch meistens unter den Begriffen Bacon oder auch Frühstücksspeck bekannt. Es handelt sich um den aromatischsten Teil des Schweines, der aus mehreren mageren und fettigen Schichten mit Schwarte besteht. Der Schweinebauch kann auf unterschiedlichste Weise zubereitet werden: Neben den geräucherten und gepökelten Varianten wird dieses Teilstück auch gerne kross gebraten (Schweine-Krustenbraten) oder aber im Sous-vide-Verfahren gegart.

SECRETO

Das Secreto (spanisch für „geheim") ist ein grobfaseriger, fächerförmiger Muskel, der sich zwischen Rücken und Rückenspeck (Lardo) versteckt. Schneidet man den Muskel quer durch, ist der Muskelbereich zwischen der Fettschicht kaum zu erkennen. Setzt man den Schnitt aber längs an, ist der Muskel sofort zu sehen. Daher auch die Bezeichnung „geheimes Filet". Die starke Marmorierung des Muskels macht es perfekt für die Zubereitung auf dem Grill oder ein langsames Garen im Sous-vide-Verfahren.

KINN

Dieses Teilstück ist ein spezieller Schnitt aus dem Backenbereich in der Nähe der Schnauze. Der spanische Schnitt unterscheidet sich vom deutschen: Hier ist das „Papada" Teil des Backenmuskels. Das Kinn ist zwei bis drei Zentimeter dick und sehr marmoriert. Es eignet sich auch ausgezeichnet zum Kurzbraten.

SCHULTER

Die Schweineschulter oder auch Bug liegt direkt am Nacken. Es handelt sich um das obere Vorderbein mit dem Schulterblatt bzw. der Schulterschaufel. In Süddeutschland bezeichnet man dieses Teilstück auch als Schäuferl oder Schäufele. Es ist das optimale Teilstück für Schweinebraten. Oftmals wird die Schulter aber auch klassisch geschmort oder zu Vorderschinken verarbeitet.

MILZ

Die Milz muss für mindestens drei Stunden in Salzwasser gewässert werden, da sie sonst stark ausläuft. Aufgrund ihres hohen Blutgehaltes verfügt die Milz über einen starken Eisengeschmack. Meist wird sie nur kurzgebraten oder zu Wurst weiterverarbeitet.

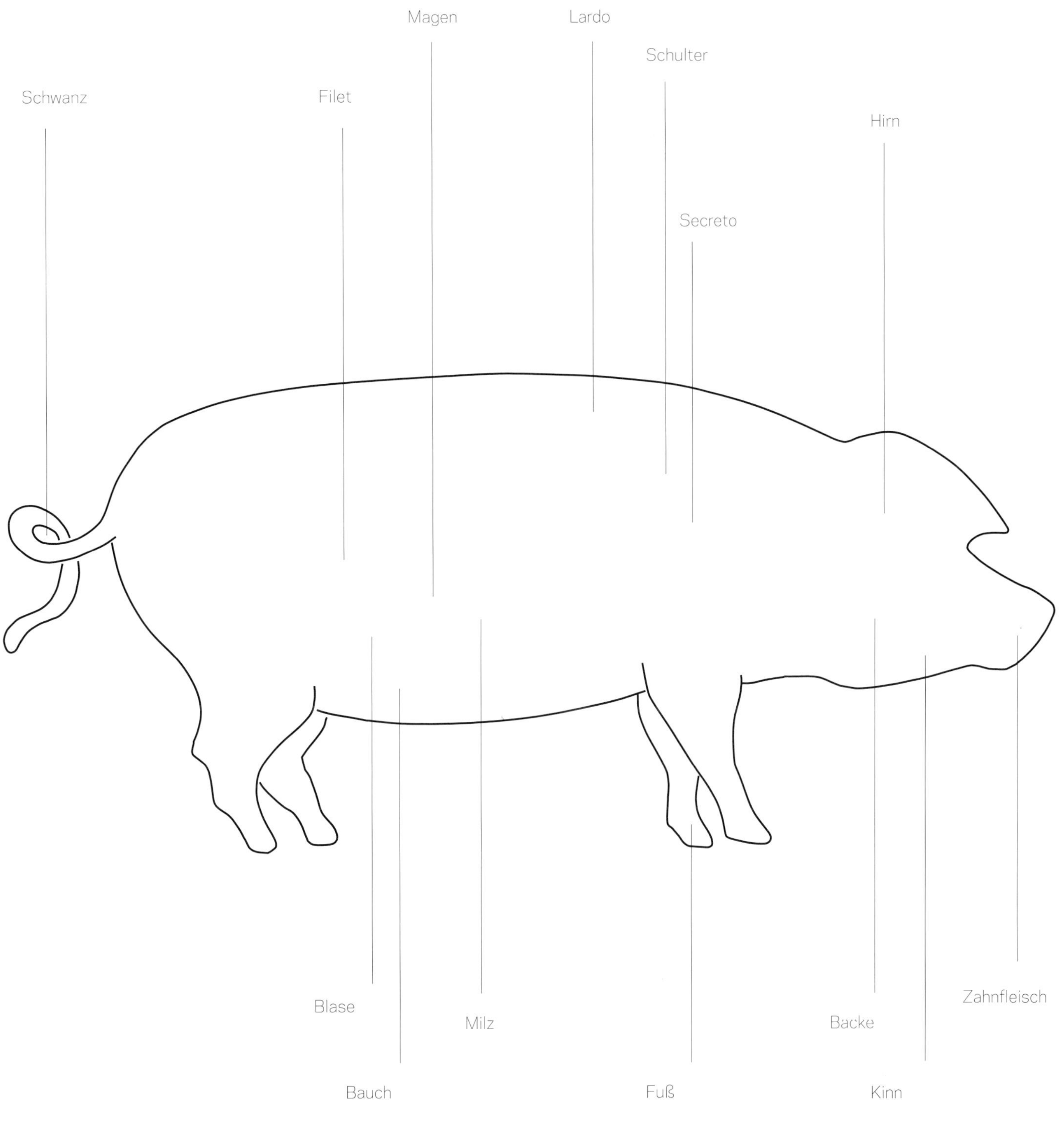
Magen
Lardo
Schulter
Schwanz
Filet
Hirn
Secreto
Zahnfleisch
Blase
Milz
Backe
Bauch
Fuß
Kinn

ZWEIERLEI SCHWARTE IN ZWEI TEXTUREN – LIQUID UND CRUNCHY

SCHWEINEFOND-ASPIK

400	g	Schweinefuß
1		Zwiebel
80	g	Knollensellerie
2		Lorbeerblätter
8		Pfefferkörner
4		Pimentkörner
2	EL	Senfsaat
30	g	Salz
20	g	Zucker
2	EL	Estragonessig

Die Schweinefüße mit kaltem Wasser abwaschen. Zwiebel und Sellerie schälen, klein schneiden und mit den Gewürzen, dem Essig und den Schweinefüßen in einem Topf kalt ansetzen.
Etwa 1 1/2 Stunden bei 80 °C sieden lassen, bis das Fleisch leicht vom Knochen fällt. Anschließend die Brühe durch ein Tuch passieren, auf ein flaches Blech geben und im Kühlschrank gelieren lassen.

SCHWEINE-POPCORN

200	g	Schweinehaut (Schwarte ohne Fett)
1	TL	feines Meersalz
		alternativ: Schweinepopcorn von Sosa (Airbag Farina)

Die Schweinehaut komplett von Fett und Sehnen befreien und mit dem Salz bestreuen. Danach für 8 Stunden bei 55 °C im Dörrautomaten trocknen, bis die Haut hart geworden ist. Anschließend mit einem Plattiereisen in etwa 0,2 x 0,2 cm große Stücke zerschlagen und in einer Pfanne ohne Öl bei mittlerer Hitze aufpoppen lassen.

ANRICHTEN

2	TL	geräuchertes Paprikapulver (Pimentón de la Vera)

Das Schweinefond-Aspik durch eine Spätzlepresse drücken und zusammen mit dem Schweine-Popcorn anrichten. Zum Schluss mit etwas geräuchertem Paprikapulver bestreuen.

ZAHNFLEISCH

Die Idee, das Zahnfleisch von Schweinen, auch „Bóton" genannt, extra zuzubereiten ist relativ neu. Denn traditionell wurde das Zahnfleisch meist mit den restlichen Fleischteilen des Kopfes zum Beispiel zu Schweinskopfsülze oder Presskopf verarbeitet.
Erst mit dem Erfolg des Iberico-Schweines kam der Gedanke auf, das Zahnfleisch der Tiere auch kurzgebraten zuzubereiten. Da es nicht zu den klassischen Fleischschnitten gehört, wird es vermutlich kaum ein Metzger vorrätig haben. Deshalb entweder beim örtlichen Metzger vorbestellen oder von den Gourmetfleischlieferanten liefern lassen.

SCHWEINE-BOTÓN

BÄRLAUCH / BORRETSCH / STEINPILZ

SCHWEINE-BOTÓN

4		Stücke Botón (Zahnfleisch)
		Salz
		Zucker
		Pflanzenöl

Das Zahnfleisch mit Salz und Zucker würzen und in einer Pfanne in etwas Öl scharf anbraten. In der Zwischenzeit den Ofen auf 80 °C Umluft vorheizen. Das Fleisch auf ein Gitter legen und für 10 Minuten im Ofen ruhen lassen.

STEINPILZE

8		Steinpilze in Champagnerkorkengröße
100	g	Butter
1		Rosmarinzweig
1		Thymianzweig

Die Steinpilze putzen und halbieren. Die Butter in einer Pfanne schmelzen, Rosmarin sowie Thymian zugeben und die Steinpilze darin verarbeiten.

BÄRLAUCHSCHAUM

100	g	Sahne
6		Bärlauchblätter
		Salz
		Zucker
1	TL	Sojalecithin

Die Sahne mit dem Bärlauch in einer Sauteuse vorsichtig erhitzen. Mit etwas Salz und Zucker abschmecken, danach passieren. Anschließend Sojalecithin zugeben und mit dem Stabmixer zu einem Schaum verarbeiten.

ANRICHTEN

20		Borretschblüten
		frisch gemahlener schwarzer Pfeffer
		Kohlesalz

Das Fleisch, die gebratenen Steinpilze und den Schaum zusammen mit den Borretschblüten auf einem Teller anrichten. Etwas Pfeffer und Kohlesalz darüberstreuen.

SCHWEINEBAUCH-SCHNECKE

WEINBERGSCHNECKE / KÜRBIS / BLUTAMPFER

SCHWEINEBAUCH

500	g	Schweinebauch
		Salz
		frisch gemahlener schwarzer Pfeffer
		Zucker
1	TL	Kümmelpulver
1	TL	Paprikapulver

Den Schweinebauch mit Salz, Pfeffer, Zucker sowie dem Kümmel- und Paprikapulver auf der Innenseite würzen, einrollen und wie einen Rollbraten mit Küchengarn fixieren. Die Rolle vakuumieren und für 12 Stunden bei 65 °C in ein Sous-vide-Becken geben. Auskühlen lassen und in dünne Scheiben schneiden.

KÜRBISPÜREE

300	g	Hokkaido-Kürbis
1	EL	Salz
1	EL	Zucker
120	g	Sahne
1	TL	Curry Mumbai (Ingo Holland)
		weißer Pfeffer

Den Kürbis schälen und in Würfel von 0,5 x 0,5 cm schneiden. Mit Salz und Zucker würzen und für etwa 30 Minuten ziehen lassen. In eine Sauteuse geben, mit der Sahne auffüllen und unter ständigem Rühren weich kochen. In einen Mixer geben und sämig pürieren. Mit Curry und weißem Pfeffer abschmecken.

WEINBERGSCHNECKEN

4		Weinbergschnecken
		Salz
		frisch gemahlener schwarzer Pfeffer
		Zucker
40	g	Butter
2		Knoblauchzehen, angeschlagen

Die Schnecken aus den Häuschen lösen, mit Salz, Pfeffer sowie etwas Zucker würzen und mit der angedrückten Knoblauchzehe in Butter anbraten.

ANRICHTEN

100	g	Schweineleber-Paté
8		Blutampferblätter
50	ml	Rinderjus (siehe Seite 229)

Je drei Schweinebauchscheiben abwechselnd mit der Schweineleber-Paté auf dem Teller zu einer Lasagne aufschichten. Einen Klecks Kürbispüree danebengeben und mit den gebratenen Schnecken, Blutampferblättern und ein wenig Bratenjus garnieren. Ein leeres Schneckenhäuschen als Dekoration auf den Teller setzen.

SCHWANZ

Der Schweineschwanz ist beim normalen Metzger heutzutage schwer zu bekommen. Denn in der intensiven Schweinezucht ist es mittlerweile vielfach üblich, den Tieren die Schwänze zu kupieren, um dem sogenannten „Schwanzbeißen" vorzubeugen. Die Tiere beißen und knabbern dabei an den Schwänzen ihrer Artgenossen, was blutige Wunden und Infektionen nach sich ziehen kann. In der biologischen Landwirtschaft ist das Kupieren der Schweineschwänze allerdings verboten. Aus diesem Grund stammen in der Regel alle erhältlichen Schweineschwänze aus der biologischen Schweinezucht. Der Schweineschwanz verfügt über viel Collagen und wurde traditionell deshalb hauptsächlich zur Zubereitung von Sülzen und Kesselfleisch verwendet.

SALAT VOM GEZUPFTEN SCHWEINESCHWANZ

PAK CHOI / LACKIERTER SCHWEINESCHWANZ

SCHWEINESCHWANZ

- 1 Schweineschwanz mit dem Federknochen
- 50 g Karotten, gewürfelt
- 50 g Knollensellerie, gewürfelt
- 50 g Lauch, in Ringe geschnitten
- 50 g Ingwer, klein geschnitten
- 1 Chilischote, klein geschnitten
- 1 Stängel Zitronengras
- 1 Lorbeerblatt
- 6 schwarze Pfefferkörner
- 20 g Salz
- 20 ml Pflanzenöl
- 30 g Honig
- 2 Zimtstangen
- 2 Sternanis
- 20 ml Sojasauce

Den Schweineschwanz im Ganzen in kochendes Salzwasser geben und etwa 1 ½ Stunden ziehen lassen. Das Suppengemüse, Ingwer, Chili und Zitronengras sowie die Gewürze dazugeben und noch 1 weitere Stunde ziehen lassen. Sobald der Schweineschwanz weich geworden ist, herausnehmen und etwas auskühlen lassen. Das Fleisch am Federknochen auslösen und zupfen, den Teil mit der Schwarte in Stücke schneiden. Diese in Öl anbraten und mit Honig, Zimt, Sternanis und Sojasauce etwa 8 Minuten glacieren.

SALAT

- 2 Pak Choi
- 20 ml Sesamöl
- 2 Lauchzwiebeln
- 2 Chilischoten
- 100 g Sojasprossen
- Abrieb und Saft von 1 unbehandelten Limette

Den Pak Choi gut waschen, die großen Blätter entfernen und fein schneiden. Den Rest halbieren und kurz in Sesamöl anbraten. Lauchzwiebeln und Chilischoten in Ringe schneiden. Dann Sojasprossen, Lauchzwiebeln, Chilis und den gezupften Schweineschwanz mit Abrieb und Saft der Limette zu einem herzhaften Salat vermischen.

ANRICHTEN

- Japanische Kresse

Etwas Salat auf dem Teller anrichten. Daneben einige Stücke glacierten Schweineschwanz setzen und diese mit der Zimtstange garnieren. Einen halbierten Pak Choi dazugeben. Mit Kresse bestreuen und etwas von der Glacier-Jus angießen.

CONSOMMÉ VOM SCHWEINESCHWANZ

GRAUPEN / TRÜFFEL / BOTTARGA

CONSOMMÉ

1,5	l	heller Gemüsefond
30	g	Salz
12	g	Zucker
300	g	Schweineschwanz
80	g	Karotten
80	g	Lauch
80	g	Knollensellerie
1		Zwiebel
1		Lorbeerblatt
8		Pfefferkörner
2		Pimentkörner
1		Nelke
20	g	Blattpetersilienstängel

Den Gemüsefond in einen Topf geben, mit Salz und Zucker würzen und zum Kochen bringen. Schweineschwanz am Gelenk in Stücke schneiden und in den kochenden Gemüsefond geben. Dann 1 ½ Stunden bei 80 °C ziehen lassen. Karotten, Lauch und Sellerie in kleine Würfel schneiden und zusammen mit der halbierten Zwiebel und den restlichen Gewürzen zugeben. Weitere 30 Minuten garen. Den Fond anschließend ganz langsam durch ein Passiertuch laufen lassen, um eine klare Flüssigkeit zu erhalten.

GRAUPEN

30	g	Schalotten, gewürfelt
20	g	Butter
60	g	Graupen
		Salz
		Zucker

Die Schalottenwürfel mit der Butter in einen Topf geben und leicht anschwitzen. Die Graupen waschen, abtropfen lassen und zu den Zwiebelwürfeln geben. Leicht glasig anschwitzen und mit Salz und Zucker abschmecken. Mit 300 ml Wasser auffüllen und weich kochen. Wenn nötig, noch etwas Wasser dazugeben.

ANRICHTEN

20	g	weiße Albatrüffel
12	g	Bottarga (getrockneter Rogen von der Meeräsche oder Thunfisch)
		Gartenkresseblättchen
		Tomatenflocken (Ingo Holland)

Die Trüffel gut mit einer weichen Bürste säubern. Die Consommé in Schälchen füllen und die gekochten Graupen hineingeben. Trüffel und Bottarga mithilfe eines Trüffelhobels in die Brühe hobeln. Zum Schluss mit Gartenkresse und Tomatenflocken garnieren.

TATAR VOM FERKEL

GERÄUCHERTER AAL / ROTE BETE / GURKEN-GEL

TATAR

200 g Ferkelschulter
Salz
frisch gemahlener schwarzer Pfeffer
Zucker
4 EL Olivenöl
Abrieb von 1 unbehandelten Limette
2 Schalotten, fein gewürfelt

Die Ferkelschulter mit Salz, Pfeffer und Zucker würzen. Dann zweimal durch die feine Scheibe des Fleischwolfes drehen. Anschließend das Olivenöl zugeben und etwa 30 Minuten zur Seite stellen. Nochmals nachschmecken, den Limettenabrieb sowie die Schalottenwürfel zugeben.

GURKEN-GEL

½ Gurke
1 Apfel (z. B. Boskop)
2 Blatt Gelatine, eingeweicht und ausgedrückt

Die Gurke nicht schälen und mit ½ Apfel in den Entsafter geben. Die andere Hälfte mit Schale für die Dekoration in gleichmäßige und hauchfeine Julienne schneiden. Den Gurken-Apfel-Saft passieren, vorsichtig erwärmen und mit der Gelatine (10 g pro Liter) binden. Während des Abkühlvorganges immer wieder mit dem Schneebesen rühren, sodass ein Gel entsteht.

ROTE BETE

1 Rote Bete
Kümmelpulver
Salz
Zucker

Die Rote Bete schälen und mit Kümmelpulver, Salz und Zucker in der Küchenmaschine zu einem feinen Püree verarbeiten.

ANRICHTEN

200 g geräucherter Aal
1 Gurke

Den Aal filetieren, die eine Hälfte in kleine Rechtecke schneiden und die andere Hälfte in Scheiben. Die Gurke mit dem Sparschäler schälen und anschließend längs aufschneiden. Eine Tatar-Nocke, eine Aalscheibe sowie ein kleines Rechteck in einer Linie auf dem Teller anrichten. Daneben, leicht versetzt, je ein Gurkenband, etwas Gurken-Gel und Rote-Bete-Püree. Den Aal mit den beiseitegestellten Apfeljulienne garnieren.

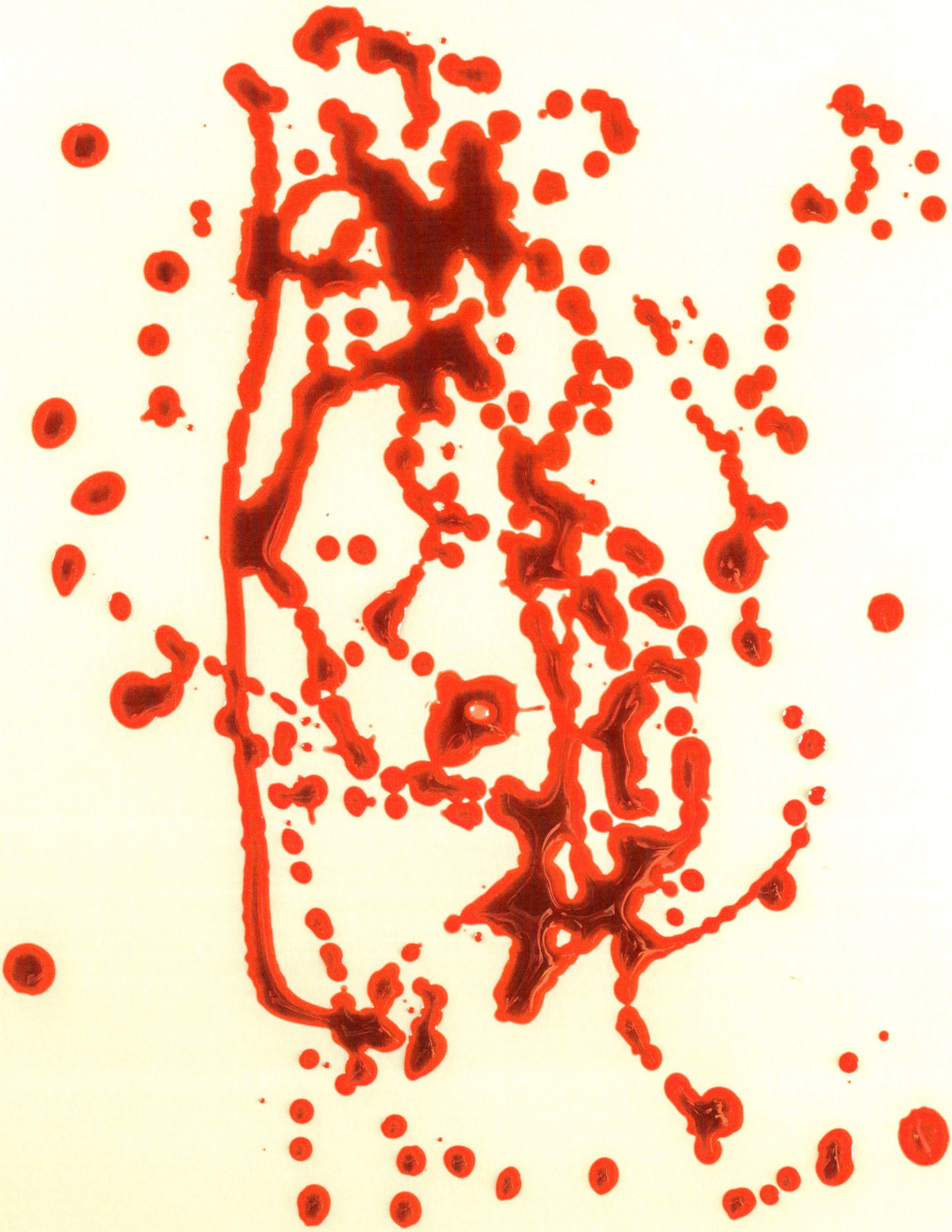

BLUT

Das Blut gehört zu den nahrhaftesten Bestandteilen von Schlachttieren. Es enthält viel Eiweiß und Eisen und ist eine wichtige Zutat diverser Fleisch- und Wurstspezialitäten wie Blutwurst, roter Pressack oder des schottischen „Black Puddings". Aber auch als Bindemittel in klassischen Gerichten wie zum Beispiel dem Hasenpfeffer findet es Verwendung. Im Judentum und Islam ist der Verzehr von Blut allerdings untersagt. Ebenfalls war der Verzehr von Blut in der Frühzeit des Christentums untersagt, da dies als heidnisch angesehen wurde. Seit jeher existiert der Glaube, dass der Verzehr von Tierblut Kraft und Stärke verleiht.

BLUTSPÄTZLE
BERGKÄSE / SCHNITTLAUCHÖL

BLUTSPÄTZLE

- 6 Eier
- 60 g frisches Schweineblut
- 2 EL Apfelmus
- 13 g Salz
- 2 g Muskatnuss
- 500 g Mehl (Type 405)
- 80 g Butter
- Salz
- frisch gemahlener schwarzer Pfeffer
- 200 g Bergkäse, gerieben

Eier, Blut und Apfelmus in einer Schüssel mischen und leicht aufschlagen. Dann Salz und Muskat dazugeben und schrittweise das Mehl unterheben. So lange rühren, bis eine geschmeidige Masse entsteht. Sie hat die richtige Konsistenz, wenn dabei Blasen entstehen. Den Teig abdecken und 30 Minuten stehen lassen. Anschließend auf ein Spätzle-Brett geben und mithilfe einer Palette oder eines Teigschabers Spätzle in einen Topf mit kochendem, gesalzenem Wasser schaben. Einmal aufkochen lassen, herausnehmen und in kaltem Wasser abschrecken. Die Spätzle in einer Pfanne mit Butter anbraten und je nach Geschmack mit Salz und Pfeffer abschmecken. Den Ofen auf 160 °C Heißluft vorheizen und die Spätzle mit dem Bergkäse in eine Auflaufform schichten. Für 10 Minuten im vorgeheizten Ofen backen.

SCHNITTLAUCHÖL

- 100 g Schnittlauch
- 80 ml Rapsöl-Olivenöl-Mischung (2:1)
- Salz
- frisch gemahlener schwarzer Pfeffer

Den Schnittlauch in feine Röllchen schneiden und mit der Ölmischung sowie Salz und Pfeffer in einen Becher geben. Mithilfe eines Stabmixers solange mixen, bis eine grüne, ölige Masse entsteht.

BLUTWURSTCHIPS

- 200 g geräucherte Schwarzwurst bzw. Speckwurst

Die Blutwurst mit der Aufschnittmaschine der Länge nach in 0,5 – 1 mm dicke Scheiben schneiden und im Dörrautomaten bei 60 °C für 4 Stunden trocknen.

ANRICHTEN

- Bergkäse, gerieben

Die Spätzle auf einen Teller geben und etwas Schnittlauchöl daraufträufeln. Den Blutwurstchip in die Spätzle stecken und mit etwas geriebenem Bergkäse bestreuen.

SCHWEINEKINN GEBRATEN
PASTINAKE / SCHAFGARBE / DHOFAR

SCHWEINEKINN

2		Schweinekinne
		Salz
		Zucker
2		Rosmarinzweige
2		Thymianzweige
4	EL	Olivenöl

Die Schweinekinne mit Salz und Zucker würzen, dann mit Rosmarin, Thymian und Olivenöl vakuumieren. Anschließend für 45 Minuten bei 54 °C in ein Sous-vide-Becken geben. Das Fleisch herausnehmen und auf dem Grill bei starker Hitze knusprig anbraten.

PASTINAKENPÜREE

300	g	Pastinake
1	EL	Salz
1	EL	Zucker
120	g	Sahne
¼		Muskatnuss
		weißer Pfeffer

Die Pastinaken schälen und in kleine Würfel schneiden. Salz und Zucker zugeben und für etwa 30 Minuten ziehen lassen. Dann in eine Sauteuse geben, mit der Sahne auffüllen und unter ständigem Rühren weich kochen. Die Masse in einen Mixer geben und sämig pürieren, zum Schluss mit frisch geriebener Muskatnuss und weißem Pfeffer abschmecken.

ANRICHTEN

		Schweinejus (siehe Seite 229)
4		Zweige Schafgarbe
1	TL	Red Dhofar-Gewürzmischung (Wiberg)

Das gegrillte Kinn gegen die Faser tranchieren, etwas Schweinejus auf den Teller geben und je ein Stück Fleisch darauflegen. Etwas Püree danebensetzen und mit Schafgarbe und Red Dhofar-Gewürzmischung garnieren.

CARPACCIO VOM SCHWEINEKINN

STAUDENSELLERIE / WALNUSS / SCHWARZE WALNUSS

SCHWEINEKINN

2	Schweinekinne (am besten vom Woll- oder Iberico-Schwein)	Die Schweinekinne von der Schwarte lösen, dann mit Salz, Pfeffer und Zucker würzen.
	Salz	
	frisch gemahlener schwarzer Pfeffer	
	Zucker	

WALNÜSSE

100 g	Zucker	Den Zucker in einem Topf schmelzen und karamellisieren lassen. Sobald er sich ziehen lässt, die Walnüsse mithilfe einer Pinzette hineintauchen und vorsichtig einen langen Karamellfaden von jeder einzelnen Nuss ziehen. Anschließend auskühlen lassen. Die schwarzen Nüsse in Scheiben schneiden.
4	Walnüsse	
2	schwarze Walnüsse (eingemachte grüne Walnüsse)	

STAUDENSELLERIE

6	Selleriestangen	Den Sellerie schälen, die Fäden ziehen und in feine Scheiben schneiden. Diese mit Salz, Pfeffer und Zucker würzen und etwa 30 Minuten ziehen lassen. Anschließend etwas vom entstandenen Saft abgießen und mit Zitronenabrieb, -saft und Olivenöl abschmecken.
	Salz	
	frisch gemahlener schwarzer Pfeffer	
	Zucker	
	Abrieb und Saft von 1 unbehandelten Zitrone	
40 ml	Olivenöl	

ANRICHTEN

	Olivenöl	Die Schweinekinne in hauchdünne Scheiben schneiden, auf einen Teller geben, leicht mit Salz und Pfeffer nachwürzen und mit Olivenöl beträufeln. Den Selleriesalat daneben anrichten und mit den Sellerieblättern garnieren. Darauf einige Scheiben der schwarzen Walnüsse legen. Je eine karamellisierte Nuss dazusetzen und alles mit dem Parmesan und etwas Zitronenabrieb bestreuen.
	Staudenselleriеblätter	
	Parmesan, gehobelt	
	Abrieb von unbehandelten Zitronen	

BACKE

Die Backe ist Teil des Schweinekopfes und verfügt nicht nur über fettreiches Fleisch, sondern auch über einen hohen Anteil an Bindegewebe. Sie wird deshalb oft zu Sülzen und Pasteten verarbeitet oder als Einlage in Suppen oder Eintöpfen verwendet. Eine Spezialität aus Italien ist der sogenannte „Guanciale", ein Speck, der traditionell aus der Schweinebacke oder dem Schweinenacken hergestellt wird. Man unterscheidet zwischen Fett- und Muskelbacke. Unter Ersterer versteht man die äußere Fettschicht der Backe, die Muskelbacke ist der innere Teil, auch Kaumuskel genannt. Im klassischen Kesselfleisch wird die Backe auch als Wellfleisch bezeichnet. Die Muskelbacke wird in der Regel genauso wie Kalbs- oder Rinderbacke geschmort.

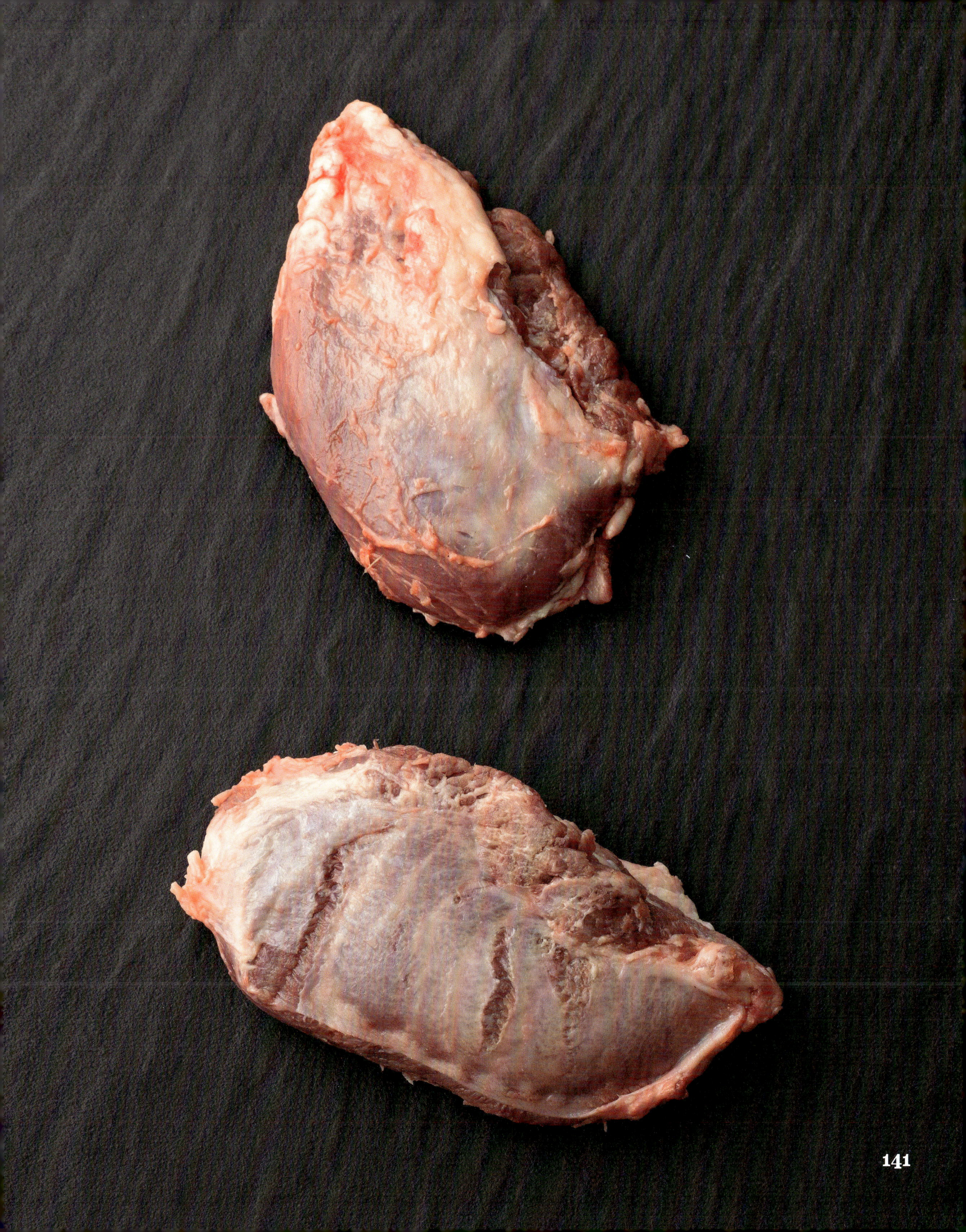

ANRICHTEN

Chilifäden

Die fertig gebackenen Strudelrollen halbieren und je zwei Hälften zusammen mit zwei Backen anrichten. Etwas von der Sauce dazwischen geben. Das Fleisch mit einigen Chilifäden garnieren.

STRUDEL VOM WIRSING UND ACHATSCHNECKEN MIT SCHWEINEBACKE

STRUDELTEIG

300 g	Mehl (Type 405)
25 g	Salz
40 ml	Rapsöl

Das Mehl mit 150 ml lauwarmem Wasser, Salz und Öl sehr schnell zu einem geschmeidigen Teig verarbeiten. Diesen anschließend in geölte Frischhaltefolie wickeln und etwa 45 Minuten ruhen lassen. Ein Küchentuch auf der Arbeitsfläche auslegen, leicht mehlieren, den Teig darauflegen und vorsichtig ausziehen.

WIRSING

4	große grüne Wirsingblätter

Die Wirsingblätter in kochendem Salzwasser weich kochen, anschließend in Eiswasser abschrecken, zwischen zwei Stück Küchenpapier legen und gut abtrocknen. Den Strunk herausschneiden und platt klopfen.

FÜLLUNG

32-40	Achatschnecken
1	Thymianzweig
1	Rosmarinzweig
1	Knoblauchzehe, geschält
20 ml	Olivenöl
	Salz
	frisch gemahlener schwarzer Pfeffer
300 g	Geflügel- oder Kalbsfarce
100 g	Butter, flüssig

Den Ofen auf 200 °C Heißluft vorheizen. Die Schnecken mit Thymian, Rosmarin und Knoblauch in Olivenöl anbraten, mit Salz und Pfeffer würzen. Anschließend auf ein Sieb geben und abtropfen lassen. Mit der Fleischfarce mischen und erneut abschmecken. Die Mischung auf die Wirsingblätter geben und vier gleich große Rollen formen. Den ausgezogenen Strudelteig ebenfalls in vier Stücke schneiden. Die Wirsingrollen daraufgeben, etwas flüssige Butter darüberträufeln und wie ein Bonbon zusammenrollen. Die Rollen auf ein mit Backpapier belegtes Backblech geben und gut mit der flüssigen Butter bestreichen. Im vorgeheizten Backofen etwa 30 Minuten backen.

SCHWEINEBACKE

4	Muskelbacken vom Schwein
	Salz
	Zucker
	Pflanzenöl
40 g	Karotten, gewürfelt
40 g	Sellerie, gewürfelt
80 g	Zwiebel, gewürfelt
20 g	Tomatenmark
2 EL	Honig
500 ml	Rotwein
1	Thymianzweig
2	Lorbeerblätter
2	Nelken
3	Wacholderbeeren
4	Pimentkörner
	frisch gemahlener schwarzer Pfeffer
500 ml	Brauner Kalbsfond (siehe Seite 230)

Den Ofen auf 160 °C vorheizen. Die Schweinebacken gut salzen und zuckern, danach in Öl von allen Seiten goldbraun anbraten. Herausnehmen und beiseitestellen. Im Bratensatz das Gemüse anrösten, bis es eine leicht braune Farbe hat. Anschließend das Tomatenmark und den Honig dazugeben und etwas anrösten. Mehrmals mit dem Rotwein ablöschen, um den Bratenansatz zu lösen. Dann den restlichen Rotwein angießen und reduzieren lassen. Die Backen, Kräuter und Gewürze sowie den Kalbsfond dazugeben und etwa 2 Stunden in den vorgeheizten Ofen geben. Sobald das Fleisch gar ist, herausnehmen und die Sauce durch ein Sieb passieren. Bei Bedarf etwas reduzieren und die Backen wieder dazugeben.

GEBACKENES HIRN MIT TEMPURA
STUDENTENFUTTER / AVOCADO / JOGHURT

SCHWEINEHIRN

400 g	Schweinehirn (alternativ: Kalbshirn, Rehhirn oder Lammhirn)
200 g	Tempurateig-Mischung (Asiamarkt)
375 ml	Eiswasser
	Salz
	frisch gemahlener schwarzer Pfeffer
	Abrieb von 1 unbehandelten Zitrone
	Pflanzenöl

Das Hirn zunächst gründlich mit kaltem Wasser wässern, das äußerste Häutchen entfernen und unter laufendem Wasser vorsichtig alle Blutgerinnsel abspülen. Auf ein sauberes Küchentuch legen und trocken tupfen. Auf keinen Fall Küchenpapier verwenden, da das Hirn daran kleben bleibt und es möglicherweise reißt. Die Tempurateig-Mischung mit dem Eiswasser anrühren, etwas salzen und etwa 30 Minuten stehen lassen. Nach Belieben kann man etwas Curry- oder Chilipulver oder andere Gewürze unter den Teig rühren. Das Hirn dann mit Salz, Pfeffer und dem Zitronenabrieb würzen und in den Tempurateig geben. Das umhüllte Hirn im heißen Öl 4–5 Minuten goldbraun ausbacken.

STUDENTENFUTTER

150 g	Perlgraupen
400 ml	Gemüsebrühe (alternativ: Geflügelbrühe)
	Salz
	Muskatnuss
	Abrieb von 1 unbehandelten Orange
	Abrieb von 1 unbehandelten Zitrone
120 g	gemischtes Studentenfutter

Die Graupen in der Brühe gar kochen. Sobald sie sehr weich sind, abgießen, auf ein Blech geben und auskühlen lassen. Mit Salz und Muskat würzen, dann mit Orangen- und Zitronenabrieb verfeinern. Das Studentenfutter dazugeben und zu einem Salat vermischen.

JOGHURT

80 g	Joghurt
	Honig
	Zitronensaft
	Salz

Den Joghurt mit Honig und Zitronensaft zu einer sämigen Sauce verrühren, mit etwas Salz abschmecken.

ANRICHTEN

1	reife Avocado
	Tomatenpulver (alternativ: Chilipulver)
20 g	kandierte Früchte

Einen Streifen Joghurtsauce auf den Teller ziehen, darauf etwas Studentenfutter-Salat geben. Das Fruchtfleisch der Avocado mit einem kleinen Löffel aus der Schale schaben und auf den Teller geben. Mit etwas Tomatenpulver bestreuen. Das gebackene Hirn danebensetzen und mit kleinen Stücken kandierter Früchte abschließen.

LARDO

Als Lardo wird der Rückenspeck des Schweins bezeichnet. Er ist leicht weiß und kaum mit Fleisch durchzogen. Sein Ursprung liegt in Italien; das italienische Wort „lardo" bedeutet übersetzt „Speck". Wie normaler Schinken wird er mit Salz ,Wacholder, Knoblauch, Pfeffer und Muskat eingerieben und kommt anschließend in spezielle Marmortröge. Dort reift er bis zu sechs Monate. Am besten eignen sich für diesen Speck alte Schweinerassen, da die neueren Mastschweine keine ausreichend dicke Fettschicht besitzen, um Lardo herzustellen. In der Regel wird Lardo sowohl pur, als auch roh als Antipasti verzehrt, kann aber auch zum Bardieren oder ausgelassen zum Braten verwendet werden.

INFO

Correct Caviar

Bei der konventionellen Produktion von Kaviar werden die Störe getötet, um an die begehrten Eier zu gelangen. Dies kommt einer ungeheuren Verschwendung gleich, wenn man bedenkt, dass diese Fische vom Aussterben bedroht sind, erst nach vielen Jahren die ersten Eier produzieren und in der freien Wildbahn über 100 Jahre alt werden können.

Mit dem Verfahren, das die Vivace GmbH entwickelt hat, gelingt es, Kaviar zu gewinnen, ohne den Stör zu töten. Dabei werden die reifen Eier der Fische abgestreift. Anschließend werden sie mittels eines natürlichen Botenstoffes für die Salzung stabilisiert. Es sind keine Konservierungsstoffe nötig, da die Eioberfläche absolut sauber ist. Ein weiterer Vorteil dieser schonenden Gewinnung des Kaviars: Mit dem zunehmenden Alter der Fische steigt auch die Qualität des Kaviars.

TATAR VOM LARDO

KAVIAR / GURKE / KARTOFFEL

LARDO

200 g	Lardo	Den Lardo in feine Würfel schneiden und kalt stellen.

KARTOFFELN

300 g	Kartoffeln	Die Kartoffeln schälen und etwa 100 g davon in feine Würfel schneiden, diese wässern, trocken legen und in heißem Öl goldgelb frittieren. Den Rest der Kartoffeln mithilfe einer Gemüseschneidemaschine in lange, dünne Streifen drehen. Diese ebenfalls in heißem Fett zu goldgelben Kartoffellocken ausbacken. Zum Schluss leicht salzen.
500 ml	neutrales Öl zum Ausbacken	
	Salz	

GURKE

1	Gurke	Die Gurke schälen und ein Drittel davon in feine Würfel schneiden. Den Rest bis zum Kerngehäuse in dünne, bandnudelähnliche Streifen schneiden. Mit Salz, Zucker und Zitronensaft marinieren und mit Olivenöl verfeinern. Zu Röllchen aufdrehen.
10 g	Salz	
8 g	Zucker	
	Saft von ½ Zitrone	
5 ml	Olivenöl	

ANRICHTEN

24 g	Saiblingskaviar	Die Lardowürfel mit den gebackenen Kartoffelwürfeln mischen. Die Masse bis zur Hälfte in einen Dessertring füllen und fest drücken. Darauf eine Schicht Saiblingskaviar geben und mit einer Kartoffel-Lardo-Lage abschließen. Es sollte eine Art „Törtchen" entstehen. Auf das Törtchen eine Nocke Störkaviar geben und daneben ein Nest aus Kartoffellocken setzen. Etwas Saiblingskaviar mit den Gurkenwürfeln mischen und eine Linie neben das Törtchen ziehen. Darauf einige Gurkenröllchen legen. Mit Paprikaflocken und Erbsensprossen garnieren.
40 g	Störkaviar (Vivace, Correct Caviar)	
3 g	Paprikaflocken	
12	Erbsensprossen	

BLASE

Die Schweineblase wurde früher gerne aufgeblasen und diente den Kindern der Vor- und Nachkriegszeit als Fußballersatz. Metzger verwenden die Blase seit jeher als Wursthülle. In der feineren Küche benutzte man die Blase gerne als natürlichen Bratschlauch. So wird auch eines der berühmtesten Gerichte von Paul Bocuse, die Bresse-Taube, in der Schweinsblase zubereitet, präsentiert und anschließend am Tisch serviert. Im traditionellen Metzgerhandwerk wird die Blasenwurst in die Schweineblase gefüllt.

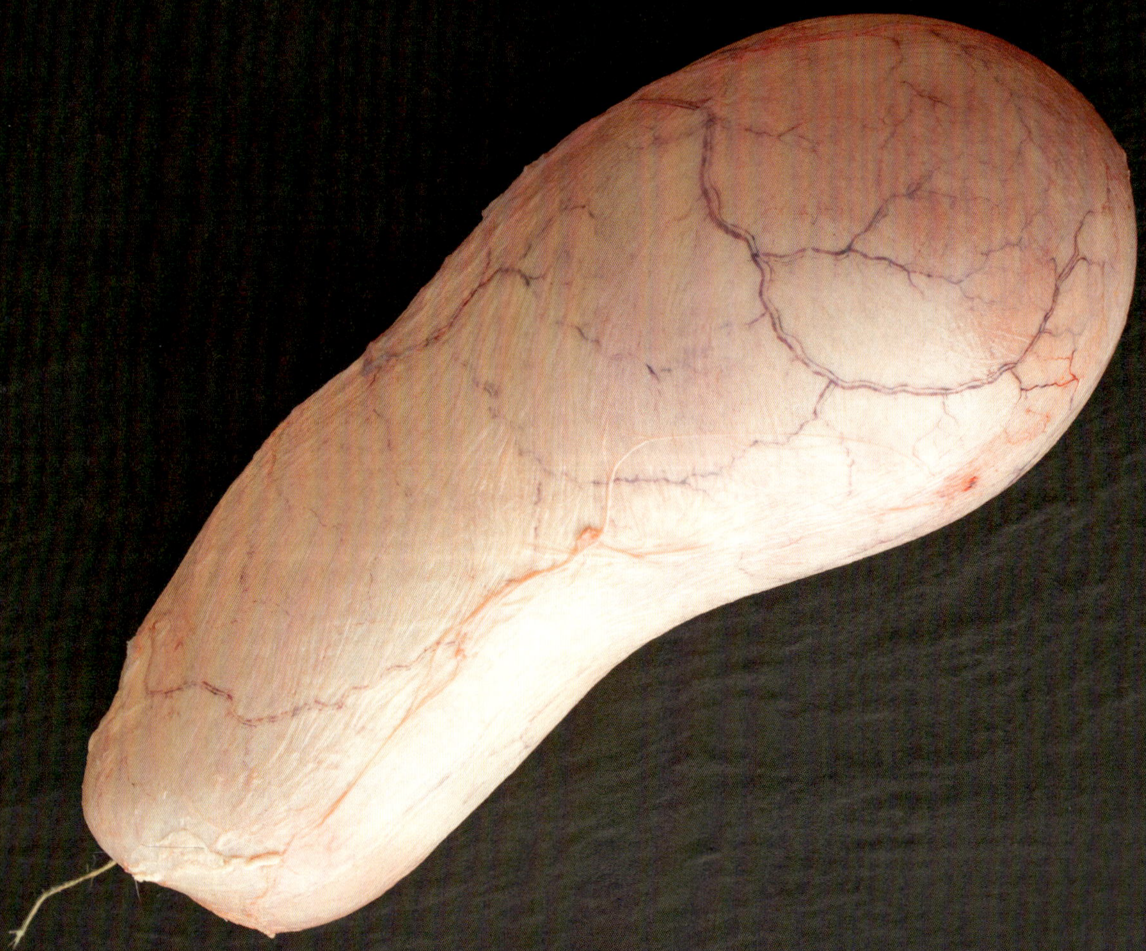

IN DER SCHWEINEBLASE GEGARTES FILET

PAK CHOI / GURKE / KAPERN-SUD

PAK CHOI UND GURKE

1	Gurke	
6 g	Salz	
4 g	Zucker	
1 EL	Honig	
2 g	schwarzer Sesam	
8	Macisblüten	
4	Pak Choi	

Die Gurke schälen, vierteln und das Kerngehäuse entfernen, danach mit Salz, Zucker und Honig marinieren. Den Sesam und Macisblüten dazugeben, dann etwa 30 Minuten ziehen lassen. Etwa 3 cm vom Strunk entfernt die Blätter des Pak Choi abtrennen, in Streifen schneiden und mit Salz und Pfeffer würzen. Die Strünke zur Dekoration zur Seite stellen.

SCHWEINEBLASE

- 1 frische Schweineblase, gut gewaschen
- 400 g Schweinefilet, pariert
- 9 g Salz
- 3 g frisch gemahlener schwarzer Pfeffer

Den Ofen auf 120 °C vorheizen und die Schweineblase wie einen Luftballon aufblasen. Das Schweinefilet in Medaillons schneiden und mit Salz sowie Pfeffer würzen. Dann zusammen mit den marinierten Gurken und den Pak-Choi-Streifen in die Blase füllen. Mit Küchengarn verschließen und im vorgeheizten Ofen etwa 40 Minuten garen.

KAPERN-SUD

- 50 g kleine Kapern
- 1 EL Honig
- 50 ml Reisessig
- 20 ml Rapsöl
- 10 ml Sake
- Salz
- etwas Kapernsaft

Die Kapern mit Honig, Reisessig, Rapsöl, Sake und Salz mischen. Nach Geschmack etwas Kapernsaft unterrühren.

ANRICHTEN

- Gartenkresse

Nach dem Ende der Garzeit die Blase aufschneiden und Filet sowie Gemüse entnehmen. Eine Linie aus dem Gemüse auf dem Teller anrichten und ein Filetstück darauflegen. Mit etwas Pfeffer würzen. Daneben etwas Macisblüte aus der Marinade legen. Das Ganze mit Kapern-Sud beträufeln und mit der Kresse garnieren. Einen Pak-Choi-Strunk als Dekoration dazusetzen.

ZWEIERLEI SCHLACHTSUPPE MIT RIEBELE

SCHLACHTSUPPE

- 2 Schweinefüße (Spitzbein)
- 1 Schweineschwanz
- frisch gemahlener schwarzer Pfeffer
- 1 Lorbeerblatt
- 2 Zwiebeln, geschält
- 60 g Blutwurst
- 60 g Leberwurst
- 8 g Majoran, gerebelt
- 8-10 Blatt Gelatine, eingeweicht und ausgedrückt

Schweinefüße und -schwanz mit den Gewürzen und den Zwiebeln in einen Topf mit Salzwasser (30 g Salz auf 1 l Wasser) geben und weich kochen. Dann den Fond durch ein Sieb passieren und das Fleisch vom Knochen lösen. Die Blut- und die Leberwurst klein schneiden, in den heißen Fond einrühren, sodass sie sich komplett auflöst. Anschließend das Fleisch zugeben, mit Majoran verfeinern und nochmals nachschmecken. Die Hälfte der Suppe mit der Gelatine verrühren, in einen Behälter abfüllen und kalt stellen.

RIEBELE

- 200 g Mehl
- Salz
- Muskatnuss
- 2 Eigelb
- Butter
- 40 g Bergkäse, gerieben

Das Mehl in eine Schüssel füllen, dann etwas Salz und Muskat dazugeben. Das Eigelb solange unterkneten und reiben, bis kleine „Riebele" entstehen. Diese etwa 3 Minuten in kochendes Wasser geben, herausnehmen und in Butter nachbraten. Mit dem Bergkäse mischen.

ANRICHTEN

- 4 hauchdünne Brotscheiben (am besten Graubrot)
- 100 g Zwiebel, gewürfelt
- 80 g Butter
- 15 g Karotte, gewürfelt und leicht angeschwitzt
- Rote-Bete-Blätter

Den Ofen auf 140 °C Heißluft vorheizen und die Brotscheiben darin etwa 4 Minuten knusprig backen. Die Zwiebelwürfel in der Butter goldbraun rösten. Dann die heiße Suppe in einer Tasse oder im Glas anrichten und einen Brotchip auflegen. Die kalte Sülze in Würfel schneiden und danebensetzen. Die Riebele auf den Teller geben und alles mit gerösteten Zwiebeln, Karottenwürfeln und Rote-Bete-Blättern garnieren.

MEATING
POINT

FÜSSE

Die Schweinefüße oder Spitzbeine verfügen, ähnlich wie der Schweineschwanz, nur über wenig Muskelfleisch und viel Collagen. Sie werden deshalb hauptsächlich zur Zubereitung von Suppen und Gelees verwendet. Ein bekanntes Gericht aus Italien ist der „Zampone". Bei dieser Spezialität aus der Emilia-Romagna werden die Schweinefüße ausgehöhlt und anschließend wie eine Wurst mit Brät gefüllt.

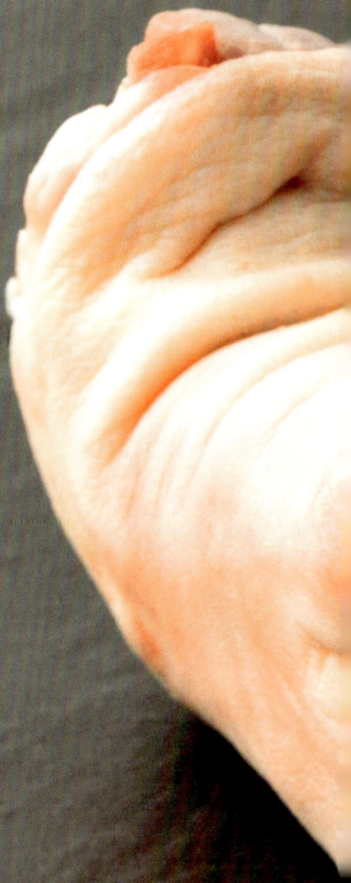

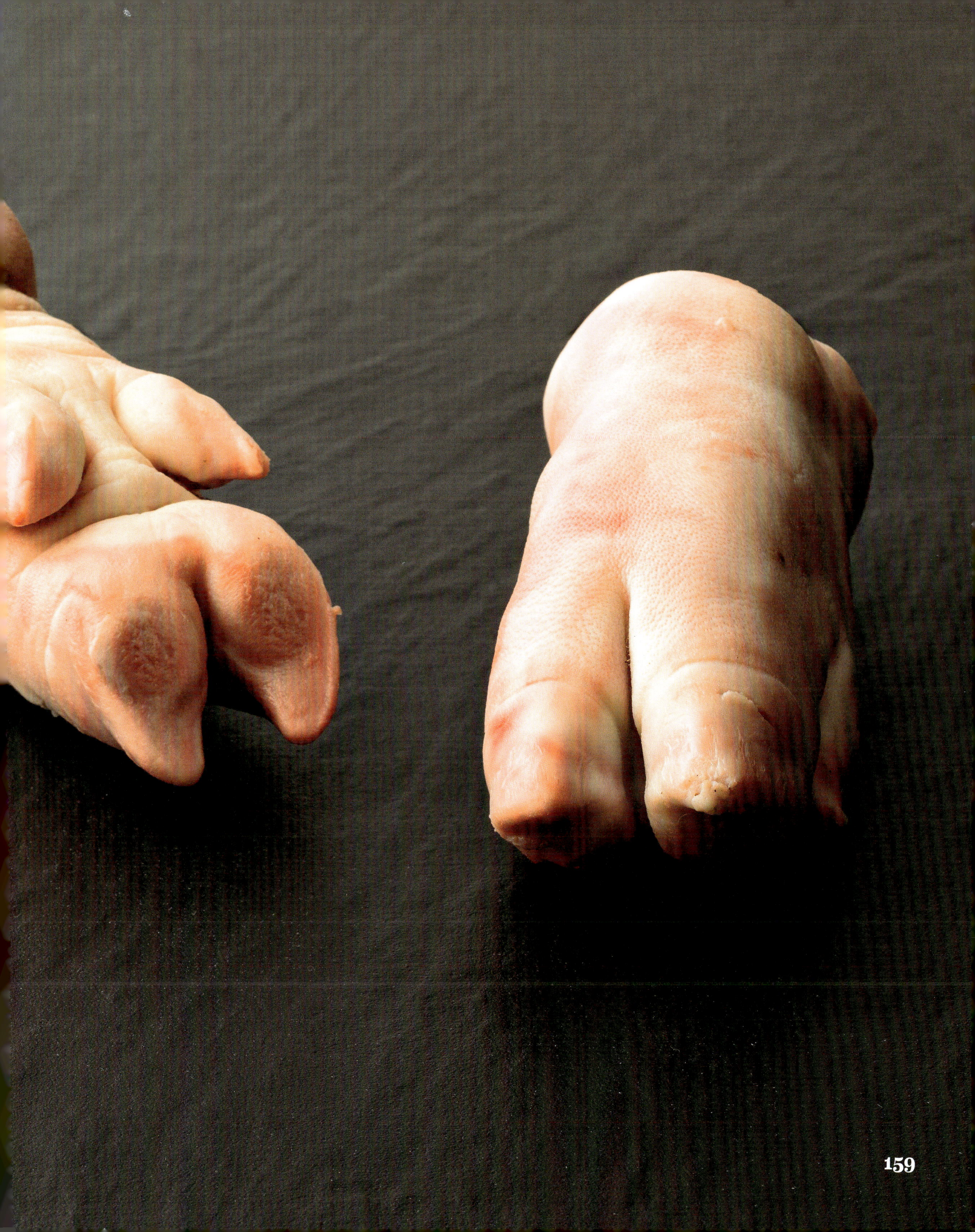

PANIERTER SCHWEINEFUSS

SAURER LINSENSALAT / RETTICH-KÜMMEL-VINAIGRETTE

SCHWEINEFUSS

4		halbe Schweinefüße (Spitzbein), gepökelt
50	g	Mehl
2		Eier
200	g	Semmelbrösel
1	l	neutrales Öl zum Ausbacken

Die Schweinefüße in einem Topf mit Wasser bei 80 °C etwa 3 Stunden ziehen lassen, bis sie weich sind. Danach herausnehmen und auskühlen lassen. Mit Mehl, Eiern und Semmelbröseln panieren. Anschließend in heißem Öl etwa 10 Minuten goldbraun ausbacken.

RETTICH-KÜMMEL-VINAIGRETTE

100	g	Rettich (rot oder weiß)
20	g	Kümmel
70	g	Schnittlauch
50	ml	Olivenöl
20	ml	Weinessig
10	g	Salz
20	g	Zucker

Den Rettich gut waschen und in feine Würfel schneiden. Den Kümmel 2–3 Minuten trocken in einer Pfanne rösten. Den Schnittlauch in feine Röllchen schneiden. Alles mit Olivenöl, Weinessig, Salz und Zucker zu einer herzhaften Vinaigrette verarbeiten.

SAURE LINSEN

50	g	Schalotten, gewürfelt
40	g	Bauchspeck, gewürfelt
		Butter
100	g	rote Linsen
10	g	Salz
		frisch gemahlener schwarzer Pfeffer
5	g	Zucker
300	ml	Gemüsefond
		Abrieb und Saft von 1 unbehandelten Zitrone
5	ml	Weinessig
4	g	Blattpetersilie, fein gehackt

Die Schalottenwürfel mit dem gewürfelten Bauchspeck in der Butter glasig anschwitzen. Anschließend die Linsen zugeben und mit Salz, Pfeffer und Zucker abschmecken. Den Gemüsefond angießen, aufkochen und etwa 5 Minuten ziehen lassen. Durch ein Sieb geben, mit Zitronenabrieb, -saft und Weinessig marinieren und mit der fein gehackten Petersilie verfeinern.

ANRICHTEN

Saft von 1 Zitrone

Je einen gebackenen Schweinefuß auf dem Teller anrichten. Daneben etwas Linsen und Vinaigrette geben. Den Schweinefuß mit Zitronensaft beträufeln und servieren.

CONFIERTES SECRETO
KARTOFFEL-GEL / SCHWEINEHAUT / BROT-AROMEN

SECRETO

4	Secreto
	Meersalz
	Zucker
3 EL	Koriandersamen
3 EL	Fenchelsamen
100 ml	Olivenöl

Das Secreto mit Meersalz und Zucker würzen und für 30 Minuten stehen lassen. Koriander- und Fenchelsamen in einer Pfanne ohne Öl rösten und im Mörser grob zerstoßen. Das Olivenöl auf 40 °C erwärmen, dann Fenchel und Koriander zugeben. Anschließend das aromatisierte Öl mit dem Secreto vakuumieren. Bei 54 °C für 2 Stunden in ein Sous-vide-Becken geben.

KARTOFFEL-GEL

2	große mehligkochende Kartoffeln
	Meersalz
	Zucker

Die Kartoffeln schälen, klein schneiden und mit wenig Salzwasser extrem weich kochen. Im Kutter sehr fein pürieren und mit etwas Meersalz und Zucker würzen.

SCHWEINEHAUT

100 g	Schweinebauch
	Salz
	Zucker

Vom Schweinebauch die Hautseite mit der ersten Fettlage (etwa 0,5 cm) vorsichtig abschneiden, mit Salz und Zucker würzen. Dann vakuumieren und ebenfalls bei 54 °C 2 Stunden ins Wasserbad geben. Anschließend die Haut bei Oberhitze 200 °C kross gratinieren. Dann in Streifen schneiden.

ANRICHTEN

	Wasabirauke
1 TL	Safripa (Safran-Gewürzmischung mit Paprika und Kurkuma)

Das Secreto gegen die Faser tranchieren und zwei Stücke auf dem Teller anrichten. Mit etwas Fenchel- und Koriandersamen bestreuen. Das Kartoffel-Gel in Tupfen daneben aufbringen und abwechselnd mit Schweinebauchstreifen und Wasabirauke belegen. Dazwischen eine Linie aus Safripa ziehen.

SURF & TURF VON SCHWEINEHAUT UND GAMBA
FRÜHLINGSROLLE / EDAMAME / ANANAS

SCHWEINEHAUT

150	g	Schweinehaut (Schwarte ohne Fett)

Die Schweinehaut in feine Streifen schneiden und um einen Schaschlik-Spieß rollen. Im vorgeheizten Ofen bei 160 °C Heißluft etwa 45 Minuten knusprig braun backen.

GAMBAS

12		Tiefsee-Gambas
		Salz
		Zucker
30	ml	Rapsöl

Die Gambas von der Schale lösen und den Darm entfernen, danach mit Salz und Zucker würzen und bei mittlerer Hitze in einer Pfanne in Öl anbraten.

FRÜHLINGSROLLE

50	g	Schalotten, gewürfelt
100	g	Erbsen
30	g	Butter
		Salz
		Zucker
30	g	Crème fraîche
0,5	g	Chilischote, gewürfelt
4		Blätter Frühlingsrollenteig (fertig gekauft)
		neutrales Öl zum Ausbacken

Die Schalottenwürfel mit den Erbsen in der Butter anschwitzen und mit Salz und Zucker abschmecken. Dann die Crème fraîche dazugeben, einmal kurz aufkochen lassen und mixen. Die Masse durch ein feines Sieb streichen und mit Chili würzen. Kurz auskühlen lassen. Die Frühlingsrollen-Teigplatten auf der Arbeitsfläche auslegen, etwas Masse in die Mitte geben, aufrollen und in Frittieröl goldbraun ausbacken. Etwas von der Füllmasse zum Anrichten zur Seite stellen.

ANANAS

1		Babyananas
½		Thai-Chilischote
30	g	Butter
80	ml	Orangensaft

Die Ananas schälen, den Kern ausstechen und das Fruchtfleisch in dünne Scheiben schneiden. Die Kerne der Thai-Chilischote entfernen und das Fruchtfleisch in feine Würfel schneiden. Die Ananasscheiben in der Butter goldgelb anbraten und mit Chili würzen. Mit Orangensaft ablöschen und etwas reduzieren lassen.

ANRICHTEN

20	g	Edamamebohnenkerne
50	g	Chinakohl
4		Kapuzinerkresseblüten

Die Edamamebohnen unter Dampf etwa 7 Minuten garen. Den Chinakohl in dünne Streifen schneiden. Ein „Band" aus beidem in die Mitte des Tellers legen. Dazwischen Gambas und Schweineschwarte anrichten. Eine Frühlingsrolle dazusetzen und etwas von der beiseitegestellten Erbsenfüllmasse auf den Teller streichen. Die Ananasscheiben als zartes Häufchen danebengeben und mit etwas Ananas-Chili-Saft marinieren. Mit den Kapuzinerkresseblüten abschließen.

CLUB SANDWICH VON DER MILZSCHNITTE

KARTOFFELCHIPS / THUNFISCHCREME / WACHTELEI

MILZSCHNITTE

200	g	Schweinemilz
60	g	Zwiebeln, gewürfelt
50	g	Apfel, gewürfelt
		Pflanzenöl
		Salz
		frisch gemahlener schwarzer Pfeffer
		Zucker
8	g	Majoran, gerebelt
1		Eigelb
24		Scheiben Buttertoast

Die Milz durch die feine Scheibe des Fleischwolfes drehen. Die Zwiebel- und Apfelwürfel mit etwas Öl in einer Pfanne glasig dünsten. Vom Herd nehmen und mit der Milz zu einer Masse vermengen. Mit Salz, Pfeffer, Zucker und Majoran abschmecken. Dann das Eigelb unterheben und etwa 10 Minuten ziehen lassen.

Jeweils zwei Toastbrotscheiben mit der Milzmasse bestreichen und mit einer dritten Scheibe in der Mitte aufeinanderschichten. Alles gut festdrücken. Die Toastbrotschnitten in heißem Öl goldbraun anbraten, herausnehmen und auf Küchenpapier abtropfen lassen. Die Ränder mit einem Messer abschneiden.

KARTOFFELCHIPS

3		festkochende Kartoffeln
500	ml	neutrales Öl zum Ausbacken
		Salz

Die Kartoffeln waschen und schälen, in sehr dünne Scheiben schneiden und wässern. Anschließend herausnehmen, trocknen lassen und in heißem Öl goldbraun ausbacken. Die Kartoffelchips gut abtropfen lassen und anschließend salzen.

THUNFISCHCREME

200	g	Thunfisch aus der Dose
40	g	Crème fraîche
60	ml	Olivenöl
20	g	Kapern
1		Sardelle
1		Knoblauchzehe, geschält
		Salz
		frisch gemahlener schwarzer Pfeffer

Den Thunfisch aus der Dose nehmen und grob hacken. Zusammen mit Crème fraîche, Olivenöl, Kapern, der Sardelle und der Knoblauchzehe in ein hohes Gefäß geben. Mit einem Stabmixer eine feine Creme herstellen und diese mit Salz und Pfeffer abschmecken.

ANRICHTEN

4	Blätter Radicchio
12	Feldsalatherzen
1	rote Zwiebel, in Scheiben geschnitten
2	Essiggurken, in Scheiben geschnitten
4	Wachteleier
4	Scheiben Bacon
	Pflanzenöl

Die Schnitten diagonal halbieren und zwischen zwei Hälften die Salatblätter, Zwiebeln und Gurken geben. Vier halbe Schnitten aufeinanderlegen und mit einem Spieß fixieren. Auf einem Teller anrichten und daneben etwas Thunfischcreme streichen, außerdem einige Kartoffelchips legen. Die Wachteleier in einer Pfanne zu Spiegeleiern braten und je ein gebratenes Wachtelei auf die Thunfischcreme setzen. Den Bacon in einer Pfanne in etwas Öl kross braten und auf Sandwich und Kartoffelchips verteilen.

PICCATA VON DER SCHWEINEMILZ

PAPPARDELLE / SALSA VERDE / SALSA ROSSA

PICCATA

200 g	Schweinemilz
50 g	Zwiebeln, gewürfelt
50 g	Apfel, gewürfelt
	Pflanzenöl
40 g	Semmelbrösel
1	Eigelb
8 g	Majoran, gerebelt
5 g	Salz
3 g	Zucker
	frisch gemahlener schwarzer Pfeffer
	Muskatnuss
2	Eier
130 g	Parmesan, gerieben
1	Prise Cayennepfeffer
	Mehl

Die Milz durch die feine Scheibe des Fleischwolfes drehen. Zwiebel- und Apfelwürfel leicht in etwas Öl andünsten. Dann zusammen mit den Semmelbröseln, Eigelb und Majoran zur gewolften Milz geben und vermischen. Die Masse mit Salz, Zucker, Pfeffer und Muskat abschmecken und gleich große Taler daraus formen. Eier und Parmesan vermischen, dann mit Cayennepfeffer abschmecken. Die Taler mit Mehl bestäuben und durch das Eiergemisch ziehen. Im heißen Öl etwa 10 Minuten goldbraun ausbacken.

SALSA VERDE

60 g	Basilikumblätter
30 g	Blattpetersilie
10 g	frischer Estragon
5 g	frische Minzblätter
	Abrieb von ½ unbehandelten Orange
	Abrieb von 1 unbehandelten Zitrone
1	kleine Knoblauchzehe, gerieben
80 ml	Olivenöl
	Salz
	frisch gemahlener schwarzer Pfeffer

Basilikum, Petersilie, Estragon und Minze fein hacken. Mit Orangen- und Zitronenabrieb sowie der geriebenen Knoblauchzehe mischen. Anschließend mit Olivenöl zu einer sämigen Sauce verrühren und mit Salz und Pfeffer abschmecken.

SALSA ROSSA

50 g	Schalotten, gewürfelt
	Olivenöl
10	vollreife Kirschtomaten
	Salz
	frisch gemahlener schwarzer Pfeffer
20 g	Honig
30 g	Pinienkerne

Die Schalottenwürfel mit etwas Olivenöl in einem Topf anschwitzen. Die Tomaten in Würfel schneiden und dazugeben. Mit Salz und Pfeffer würzen und zusammen mit dem Honig sowie den Pinienkernen solange einkochen, bis eine geschmeidige Sauce entstanden ist.

PAPPARDELLE

2 EL	Olivenöl + etwas zusätzlich zum Bestreichen
1	Ei
5	Eigelb
	Salz
	Muskatnuss
400 g	Nudelgrieß

Olivenöl, 2 EL Wasser, Ei, Eigelb und Gewürze anrühren und etwa 30 Minuten stehen lassen, danach mit dem Nudelgrieß mischen und zu einem weichen Teig verarbeiten. Mit Öl bestreichen und 1 Stunde kühl stellen. Den Teig anschließend mithilfe einer Nudelmaschine dünn ausrollen. Die Nudelblätter in etwa 30 cm lange, breite Bänder schneiden. Anschließend in kochendes Salzwasser geben. Sobald sie gar sind, herausnehmen und zu einer Schnecke aufrollen.

ANRICHTEN

150 g Butter
90 g Semmelbrösel

Die Butter in einer Pfanne schmelzen lassen und die Semmelbrösel einrühren. Je ein Stück Piccata halbieren und auf den Teller geben. Daneben zwei Linien aus Salsa verde und Salsa rossa ziehen. Die Nudelrolle daraufsetzen und mit der Semmelbrösel-Schmelze garnieren.

GEBRATENE SCHWEINEMILZ

RÖSTI / TÊTE DE MOINE / TOMATEN-FOLIE

SCHWEINEMILZ

2	Schweinemilzen
30 g	Bauchspeck, gewürfelt
60 g	Zwiebeln, gewürfelt
	Pflanzenöl
80 g	Semmelbrösel
5 g	Majoran, gerebelt
	Salz
	frisch gemahlener schwarzer Pfeffer
	Zucker

Die Milz in kleine Streifen schneiden und kuttern, anschließend durch ein Sieb streichen. Den Bauchspeck mit den Zwiebelwürfeln in etwas Öl andünsten. Dann die Mischung vom Herd nehmen und mit Semmelbröseln, Majoran und der Milz zu einer Masse vermischen. Mit Salz, Pfeffer und Zucker abschmecken und daraus vier Frikadellen formen. Diese im heißen Öl vorsichtig ausbraten.

RÖSTI

500 g	festkochende Kartoffeln, geschält
	Salz
	neutrales Öl zum Ausbacken

Die geschälten Kartoffeln zunächst in dünne Scheiben schneiden und dann in dünne Streifen. Diese leicht salzen und für etwa 5 Minuten stehen lassen. Das Wasser ausdrücken und im heißen Öl goldgelbe Rösti ausbraten.

VINAIGRETTE

2 EL	Geflügelfond (siehe Seite 232)
1 EL	heller Balsamicoessig
2 EL	Olivenöl
	Salz, Zucker
½ g	Kümmelsamen
½ g	Senfsamen, gekocht
50 g	Tomaten, gewürfelt
30 g	Staudensellerie, gewürfelt

Geflügelfond, Balsamicoessig und Olivenöl mit Salz, Zucker, Kümmel- und Senfsamen gut verrühren, dann nochmals abschmecken. Die Tomaten- und Staudenselleriewürfel dazugeben.

TOMATEN-FOLIE

500 g	reife Tomaten
10 g	Salz
10 g	Zucker
1	Knoblauchzehe, geschält
1	Thymianzweig
1	Rosmarinzweig
5	Blatt Gelatine, eingeweicht und ausgedrückt
2 EL	Tomatenflocken (Ingo Holland)

Die reifen Tomaten vierteln, salzen und zuckern und etwa 1 Stunde ziehen lassen. Danach Knoblauch, Thymian und Rosmarin dazugeben und in einem Mixer fein pürieren. Über Nacht langsam durch ein Passiertuch abtropfen lassen. Es sollte etwa 250 ml weißer Tomatenfond entstehen. Diesen nochmals mit Salz und Pfeffer abschmecken und leicht erhitzen. Die eingeweichte Gelatine dazugeben und im Fond auflösen. Dann erkalten lassen. Kurz vor dem Stocken die Tomatenflocken unterziehen und dünn auf ein mit Frischhaltefolie ausgelegtes Blech gießen. Auskühlen lassen und in beliebige Streifen schneiden.

ANRICHTEN

Petersilienstängel
neutrales Öl zum Ausbacken
Tête de Moine-Rosen

Die gebratene Milz auf den Rösti anrichten. Ein Stück der Tomaten-Folie danebenlegen und etwas von der Vinaigrette darübergeben. Die Petersilie in einer Pfanne kurz in heißem Öl frittieren und auf der Milz anrichten. Vom Käse mithilfe einer Girolle kleine Rosen abschaben und dazwischensetzen.

PFÄLZER SAUMAGEN

WEISSKRAUT / BEIFUSS / MARONEN

SAUMAGEN

1		kleiner Saumagen
700	g	magere Schweineschulter ohne Knochen
600	g	Kartoffeln, geschält
700	g	magerer Schweinebauch ohne Schwarte
750	g	feines Bratwurstbrät
3		Brötchen, eingeweicht
4		Eier
30	g	Salz
		frisch gemahlener schwarzer Pfeffer
		Muskatnuss
40	g	Majoran, gerebelt

Den Saumagen wässern. Inzwischen die Schweineschulter und die Kartoffeln in 1 cm große Würfel schneiden. Den Schweinebauch durch die feine Scheibe des Fleischwolfes drehen. Etwa 16 Kartoffelwürfel zur Seite legen. Die restlichen Kartoffeln in leichtem Salzwasser aufsetzen und nur einmal aufkochen, dann abgießen. Abkühlen lassen und gut mit dem Fleisch, dem Brät, den Brötchen sowie den Eiern mischen und kräftig würzen. Die Masse nicht zu fest in den Saumagen füllen, da dieser sonst beim Garen platzen könnte. Die drei Magenöffnungen mit Küchengarn zunähen. Die gefüllten Mägen in reichlich Salzwasser schwimmend etwa 3 Stunden bei 80 °C sieden – auf keinen Fall sprudelnd kochen – dabei von Zeit zu Zeit wenden. Über Nacht auskühlen lassen, in daumendicke Scheiben schneiden und in eine rechteckige Form bringen.

WEISSKOHL

150	g	Weißkohl
2	g	Zucker
2	g	Salz
40	g	Butter
		frisch gemahlener schwarzer Pfeffer
4	g	getrockneter Beifuß

Den Weißkohl in Rauten schneiden und diese mit Zucker und Salz marinieren. Auf ein Sieb geben und abtropfen lassen, den Fond nicht wegschütten. Den Weißkohl dann in zerlassener Butter anbraten und mit dem Fond ablöschen. Mit schwarzem Pfeffer und Beifuß würzen.

MARONEN

50	g	Zucker
50	ml	Orangensaft
4		Maronen, vorgegart
30	ml	dunkler Balsamicoessig

Den Zucker in einer Pfanne schmelzen, bis er bernsteinfarben ist und anschließend mit dem Orangensaft ablöschen. Die vorgegarten Maronen und den Balsamico dazugeben und glacieren.

ANRICHTEN

		Pflanzenöl
16		Kartoffelwürfel

Die Saumagen-Rechtecke in einer Pfanne in Öl von allen Seiten anbraten. Die Kartoffelwürfel ebenfalls goldgelb anbraten. Je ein Rechteck auf den Teller geben, daneben etwas Weißkohl und je eine Marone mit Sud. Den Beifuß auf den Weißkohl legen. Zum Schluss die Kartoffelwürfel in einer Linie auf den Teller setzen.

REZEPTE | WILD, LAMM, ZIEGE, KANINCHEN

ZERLEGUNG | REH

Kaum ein Koch wird je Gelegenheit haben, eine Rinder- oder Schweinehälfte zu zerlegen. Was aber vorkommt ist, dass der Jäger ein ganzes Reh vorbeibringt, vom Schäfer das Lamm im Ganzen geliefert wird oder eine Ziege fachgerecht zerlegt werden soll.

Schritt für Schritt erfahren Sie hier, wie das geht – auf der kommenden Seite wird ein Reh zerlegt. Aber die Schnitte und Arbeitsabläufe sind beim Schaf und der Ziege genau gleich. Das erlegte Tier wird ausgenommen und aufgehängt.

Dann beginnt das Zerlegen: Dabei gibt es zwei Varianten - vom Kopf abwärts oder von den Hinterläufen abwärts. Beim Reh nimmt man in der Regel die erste Variante, da sich so das Fell besser lösen lässt.

„Das Fell (die Decke) abziehen" heißt in der Fachsprache „aus der Decke schlagen". Die Innereien werden beim Wild auch als „Aufbruch" bezeichnet und für das Wort „Zerlegen" verwendet man im Waidmännischen das Wort „Zerwirken". Das aufgebrochene Reh wird mit dem Kopf nach oben an einem Haken am Unterkiefer aufgehängt.

01. Die Vorder- und Hinterläufe am Gelenk abtrennen.

02. Den Schnitt genau am Knorpel des Gelenkes ansetzen.

03. Fell und Haut in der Höhe der Ohren ringsum einschneiden.

04. Vorsichtig, aber mit leichtem Druck das Fell über den Nacken ziehen.

05. In einem Zug, am besten ohne abzusetzen, das Fell vom Tier lösen. Je länger das Tier in der Decke abgehangen hat, desto schwieriger wird das Abziehen. Frisch geschossene bzw. geschlachtete Tiere sind leichter aus der Decke zu schlagen.

06. An der Aufbruchstelle mit einem Ausbeinmesser das Fell wegschneiden.

07. Die Decke über das Hinterteil nach unten abziehen.

08. Das Reh/den Schlachtkörper drehen und an den Hinterläufen aufhängen. Anschließend den Kopf abtrennen.

09. Vorsichtig die Schultern abschneiden. Hierzu die Schulter immer auf Zug halten.

10. Die Schulter wegziehen und am Schultergelenk beim Knorpel abschneiden.

11. Bei der Flanke ansetzen und den Bauchlappen herausschneiden.

12. Die Filetköpfe auslösen, damit das Filet im Ganzen bleibt, wenn die Keulen abgetrennt werden.

13. Die Hinterläufe (Keulen) und das Becken mit einer Säge vom Rücken trennen.

14. Die einzelnen Keulen am Schlossknochen abtrennen.

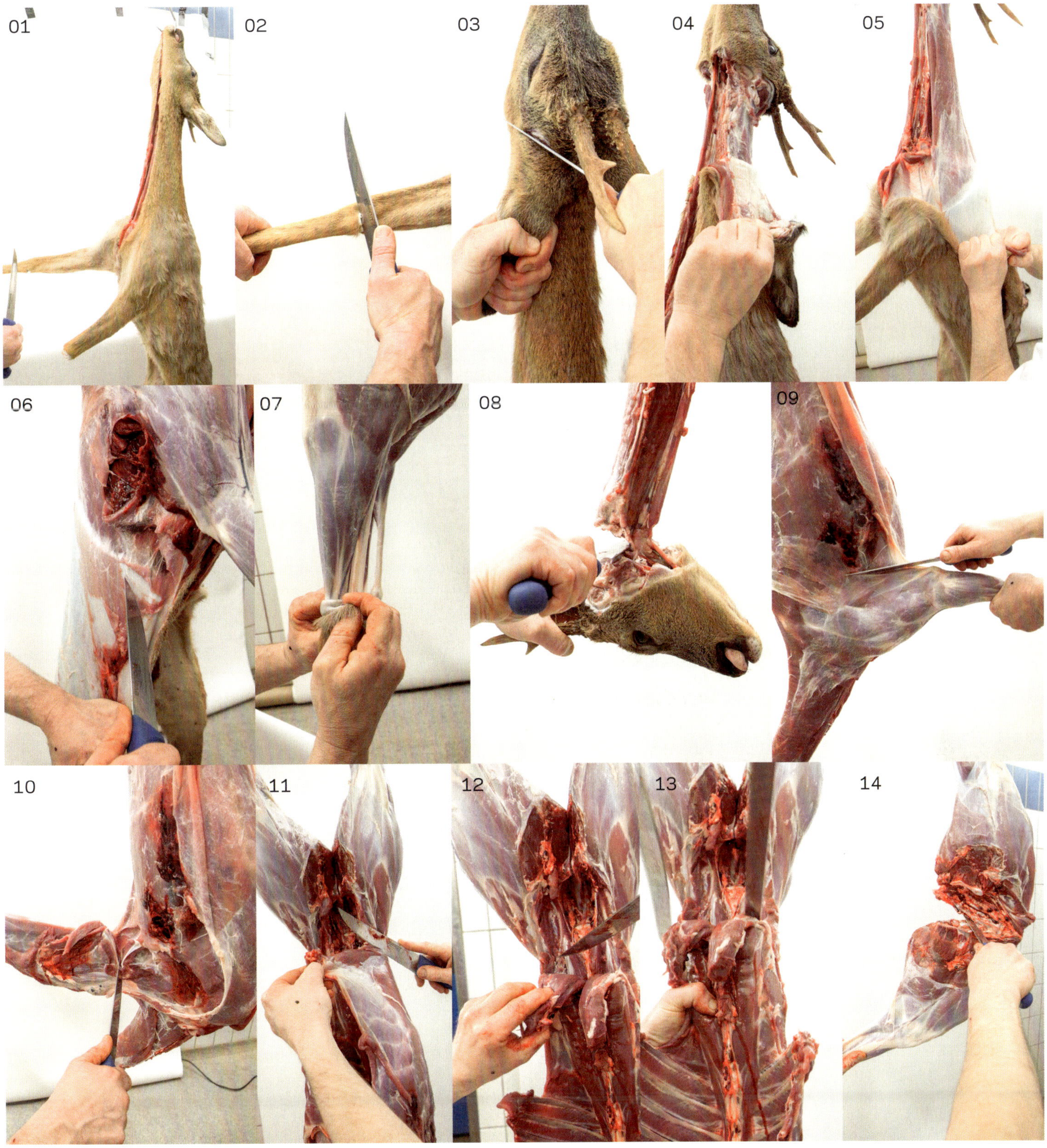
01
02
03
04
05
06
07
08
09
10
11
12
13
14

SCHULTER AUSGELÖST

GANZE SCHULTER

KEULE ODER SCHLEGEL

HAXE ODER STELZE

NUSS MIT BÜRGERMEISTERSTÜCK

SEMERROLLE ODER MEISSEL

HÜFTE MIT TAFELSPITZ

TAFELSPITZ

HÜFTE

NACKEN

FILET

RÜCKEN

HIRSCHLEBER

ROSENKOHL / CRANBERRY / SPECK

HIRSCHLEBER

4		Scheiben Hirschleber à etwa 120 g
80	g	Butter
1		Rosmarinzweig
		Salz
		frisch gemahlener schwarzer Pfeffer

Die Hirschleberscheiben trocken tupfen. Dann die Butter in einer Pfanne aufschäumen, die Leber dazugeben und von beiden Seiten etwa 3 Minuten goldbraun braten. Nach 1 Minute den Rosmarin dazugeben. Die Leberscheiben auf Küchenpapier abtropfen lassen und von beiden Seiten mit Salz und Pfeffer würzen.

ROSENKOHL

100	g	Rosenkohl
		Salz
		Zucker
50	g	Butter
		Muskatnuss

Den Rosenkohl von den äußeren Blättern befreien, anschließend halbieren, salzen und zuckern. Etwa 15 Minuten marinieren lassen. Danach die Hälften etwas aufbrechen und in Butter etwa 4 Minuten andünsten. Mit Muskat abschmecken und bis zum Servieren warm halten.

CRANBERRYSAUCE

50	ml	Cranberrysaft
40	g	Honig
		etwas angerührte Weizenstärke
80	g	Cranberrys

Den Cranberrysaft mit Honig aufkochen und mit etwas Stärke abbinden. Die Beeren dazugeben und etwa 2 Minuten mitkochen.

ANRICHTEN

120	g	Tiroler Bauchspeck
		einige Rosmarinnadeln

Den Tiroler Bauchspeck in kleine Würfel schneiden und in einem Topf auslassen. Die Leberscheiben heiß auf den Teller legen, den Rosenkohl daneben anrichten. Etwas Cranberrysauce auf den Teller ziehen. Die gerösteten Speckwürfel auf die Leber geben. Mit Rosmarinnadeln abschließen.

HERZ

Bei diesem Organ handelt es sich um reines Muskelfleisch mit einem kräftigen Eigengeschmack. Herzen können von fast allen Tieren verzehrt werden, wobei man Kalb-, Lamm-, Kaninchen- und Geflügelherzen gerne für Ragouts verwendet. Schweine- und Rinderherzen werden geschmort oder gehen oftmals in die Wurstproduktion. Alternativ kann Herz aber auch kurzgebraten oder in Panade gebacken zubereitet werden.

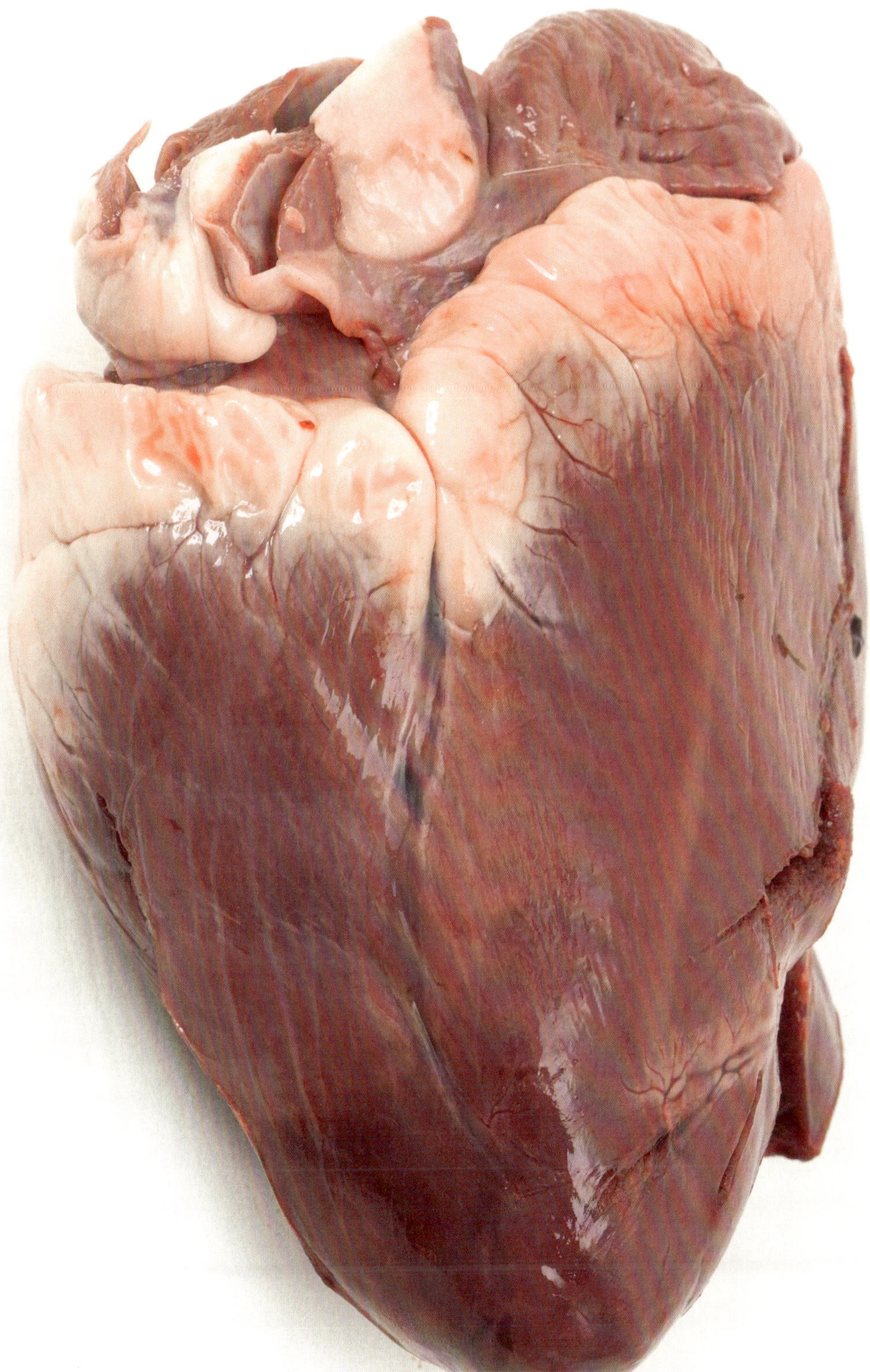

TRILOGIE VOM HERZ MIT CHORIZO-VINAIGRETTE

HIRSCHHERZ / KOPFSALATHERZEN / PALMHERZEN

HIRSCHHERZ

1		Hirschherz
		Salz
		frisch gemahlener schwarzer Pfeffer
		Zucker
60	g	Butter
1		Thymianzweig

Das Hirschherz waschen, vom Fett befreien, halbieren und trocken legen. Mit Salz, Pfeffer und Zucker würzen. Die Butter in einer Pfanne aufschäumen und die gewürzten Herzhälften hineinlegen. Den Thymianzweig dazugeben und von beiden Seiten etwa 6 Minuten braten. Kurze Zeit ruhen lassen und in feine Streifen schneiden.

CHORIZO-VINAIGRETTE

100	g	Chorizo
5	ml	dunkler Balsamicoessig
40	g	Walnüsse, fein gewürfelt
20	g	frische Petersilie, gehackt
40	ml	Hirschfond (siehe Seite 231)

Von der Chorizo den Darm entfernen und die Füllung in feine Würfel schneiden. In einer Pfanne auslassen, bis sie kross werden. Anschließend mit Balsamicoessig ablöschen, Walnüsse, Petersilie und Hirschfond dazugeben und beiseitestellen.

ANRICHTEN

- Palmherzen
- Salz
- Zucker
- Butter
- Kopfsalatherzen

Die Palmherzen mit Salz und Zucker würzen und in Butter goldbraun braten. Zum Teil als Fächer aufschneiden oder auch stellen. Das Hirschherz anrichten, die Palmherzen und Kopfsalatherzen dazulegen und mit der heißen Chorizo-Vinaigrette marinieren.

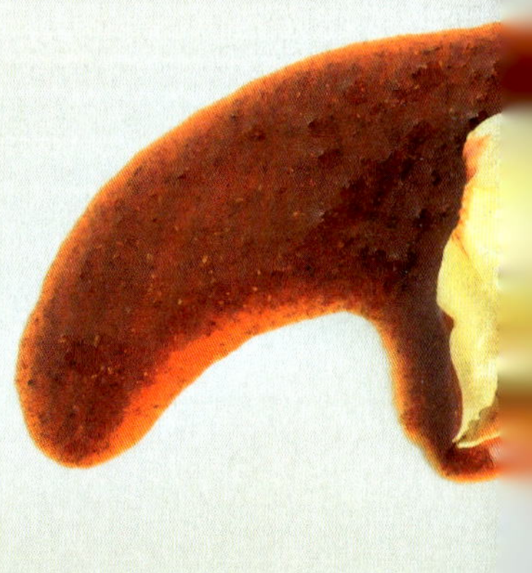

HIRN
(GEHIRN, BRÄGEN, BREGEN)

Das Hirn wird vor allem von Kalb und Lamm verwendet. Es ist reich an Vitaminen und hat den höchsten Cholesteringehalt aller Lebensmittel. Von der Struktur her erinnert es an Bries, geschmacklich ein wenig an Leber. Ein nussartiger, metallischer Beigeschmack ist festzustellen. Seit der BSE-Krise in den 90er-Jahren sind Gerichte mit Hirn fast gänzlich von den Speisekarten verschwunden, denn der Verzehr von Rinderhirn ist in Deutschland seither verboten. Das Gehirn des Kalbes darf jedoch weiterhin verzehrt werden, da es, genau wie Rückenmark, erst ab dem zwölften Lebensmonat zum spezifizierten Risikomaterial (SRM) zählt. Dies sind Teile des Tieres, die auf keinen Fall als Lebensmittel verwendet werden dürfen, um die Gefahr einer möglichen Infektion mit BSE-Erregern zu vermeiden. Genauso wie das Bries muss das Hirn gewässert und blanchiert werden, um den oftmals unerwünschten säuerlichen Geschmack zu beseitigen. Eine waidmännische Delikatesse ist das Rehhirn, gebraten mit Ei. Auch in Küchenklassikern wie Ragout Fin oder der österreichischen Nationalsuppe, der Hirnschöberlsuppe, bildet Hirn einen der Hauptbestandteile. In der klassischen Metzgerei wird es in der Cervelat- und Bregenwurst verwendet.

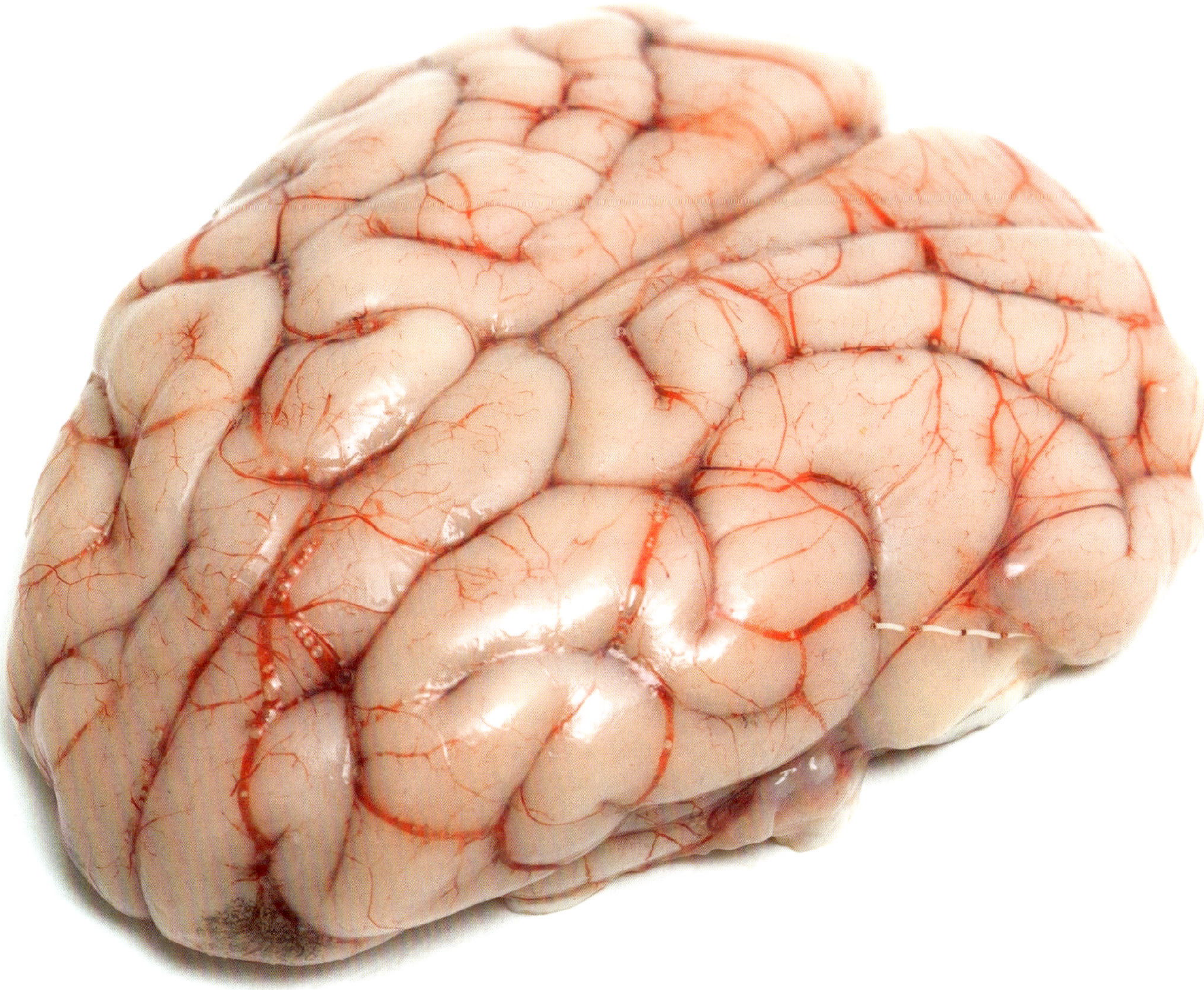

REHHIRN

SALAT / GEBACKENES EI / KRÄUTERVINAIGRETTE

REHHIRN

4 Rehhirne 500 ml kräftiger Wildfond (siehe Seite 231)	Die Rehhirne gut wässern und von dem äußeren Häutchen befreien, sodass das komplette Blut ausgewaschen werden kann. Anschließend in einen Topf mit dem kräftigen Wildfond geben und bei 80 °C für etwa 30 Minuten ziehen lassen.

FRITTIERTES EI

4 Eier Salz Essig 2 EL Mehl 1 Ei 200 g Semmelbrösel neutrales Öl zum Ausbacken	Die Eier einzeln in eine Tasse aufschlagen. Dabei ist darauf zu achten, dass das Eigelb unbeschadet bleibt. Wasser in einem Topf aufkochen, dann salzen und 1 Schuss Essig hineingeben. Das Ei in das kochende Essigwasser geben und etwa 3 Minuten ziehen lassen. Herausnehmen und das Eiweiß vom Eigelb entfernen. Anschließend das Eigelb mit Mehl, Ei und Semmelbröseln vorsichtig panieren. In heißem Öl goldbraun ausbacken.

KRÄUTERVINAIGRETTE

100 ml Gemüsefond 30 ml Weißweinessig 50 ml Olivenöl Salz frisch gemahlener schwarzer Pfeffer Zucker 1 Schalotte, in feine Würfel geschnitten 2 EL gehackte Kräuter (z. B. Kerbel, Petersilie, Pimpernelle, Estragon je nach Angebot) Tomatenflocken (Ingo Holland)	Den Gemüsefond mit Weißweinessig und Olivenöl verrühren und mit Salz, Pfeffer und Zucker gut abschmecken. Anschließend Schalottenwürfel, Kräuter und Tomatenflocken untermischen.

ANRICHTEN

Microleaf-Salat und Zupfsalate (nach Belieben und Angebot)	Den Salat auf einem Teller anrichten und das Hirn sowie das frittierte Ei daraufgeben. Kräftig mit der Vinaigrette marinieren und sofort servieren.

LAM(M)PREDOTTO TO GO „À LA FLORENCE“
LABMAGEN

LABMAGEN

500 g	Labmagen vom Lamm, sauber geputzt und gewaschen	
	Salz	
1	Zwiebel, geschält	
1	Lorbeerblatt	

Den Magen in kochendes Salzwasser geben, abschäumen und die Temperatur auf 80 °C stellen. Die Zwiebel und das Lorbeerblatt dazugeben und etwa 3 Stunden ziehen lassen, bis der Magen weich ist. Am besten über Nacht im Fond auskühlen lassen. Am nächsten Tag den Magen entnehmen und in feine Streifen schneiden.

SAUCE

1	kleine rote Zwiebel
	Olivenöl
250 ml	Brauner Kalbsfond (siehe Seite 230)
1	Tomate, gewürfelt
50 g	schwarze Oliven, in Streifen geschnitten
je 10 g	frischer Thymian und Rosmarin, gehackt

Die Zwiebel schälen, in feine Würfel schneiden und in Olivenöl glasig anschwitzen. Den in Streifen geschnittenen Labmagen und den Kalbsfond dazugeben. Alles etwa 1 Stunde ziehen lassen. Sobald die Sauce eingekocht ist, Tomatenwürfel, Olivenstreifen sowie die Kräuter dazugeben und nochmals abschmecken.

ANRICHTEN

4	Brötchen
60 g	Staudenselleriеblätter
	Parmesan, gehobelt
	grüne Oliven

Die Brötchen aufschneiden und das Lampredotto hineingeben. Mit Sellerieblättern und Parmesanspänen garnieren. Außerdem einen Streifen von der Sauce auf den Teller ziehen und nach Wunsch mit einer grünen Olive garnieren.

BAYRISCHER HÄGGIS MIT GRAUPEN

ROTE BETE / TOPINAMBUR / MEERRETTICH

BAYRISCHER HÄGGIS

- 70 g Lammleber
- 60 g Lammniere
- 60 g Lammherz
- 80 g Perlgraupen, weich gekocht
- 50 ml Fleischbrühe
- 30 ml Lammblut oder Schweineblut
- Salz
- frisch gemahlener schwarzer Pfeffer
- Zucker
- 5 g Majoran, gerebelt
- 1 Lammmagen
- Heller Lammfond (siehe Seite 231)

Leber, Niere und Herz in kleine Würfel schneiden und mit den gekochten Perlgraupen mischen. Anschließend Brühe und Blut dazugeben und mit Salz, Pfeffer, Zucker und Majoran abschmecken. Die Masse in den Lammmagen füllen und gut mit Küchengarn verschließen. Etwa 1 ½ Stunden bei 80 °C in einem kräftigen Lammfond garen.

TOPINAMBUR

- 4 große Knollen Topinambur
- Salz
- Zucker
- 50 g Butter
- 30 g Blattpetersilie, gehackt

Die Topinambure gründlich waschen und in dünne Scheiben schneiden. Mit Salz und Zucker würzen und etwa 20 Minuten marinieren. Danach auf ein Sieb geben, abtropfen lassen und die Topinamburscheiben in der Butter anbraten. Mit dem Haggis-Fond ablöschen und weich garen, kurz vor dem Servieren die Petersilie dazugeben.

ANRICHTEN

- 2 Rote Beten, gekocht
- etwas Gemüsebrühe
- Rinderjus (siehe Seite 229)
- Meerrettich, frisch gerieben

Den Haggis halbieren und mit den Topinamburscheiben anrichten. Aus der Roten Bete mithilfe eines Ausstechers Scheiben herstellen und diese in etwas Gemüsebrühe erwärmen. Zwischen Topinambur und Haggis setzen. Etwas Jus angießen und frischen Meerrettich darüberhobeln.

INFO

Der Lammmagen dient hier lediglich als Hülle und wird in der Regel nicht mitgegessen.

POCHIERTE LAMMNUSS „KEBAB STYLE“

MINZ-KEFIR / ROTKRAUT / JUNGER KNOBLAUCH

LAMMNUSS

1	Lammnuss
	Salz
	Zucker
1 l	Gemüsefond
1	Thymianzweig
1	Rosmarinzweig
1	Basilikumzweig
4	junge Knoblauchzehen
8	schwarze Pfefferkörner

Die Lammnuss mit etwas Salz und Zucker marinieren. Dann den Gemüsefond in einem Topf aufkochen und das gewürzte Fleisch hineingeben. Die Kräuterzweige, den ungeschälten Knoblauch und die Gewürze dazugeben und bei 80 °C etwa 45 Minuten ziehen lassen.

MINZ-KEFIR

200 ml	Kefir
	Abrieb und Saft von 1 unbehandelten Zitrone
30 g	Minzblätter, gehackt
	Salz
	frisch gemahlener schwarzer Pfeffer

Den Kefir mit Zitronenabrieb und -saft sowie gehackter Minze vermischen, dann mit Salz und Pfeffer abschmecken.

ROTKRAUT

200 g	Rotkraut
	Salz
	Zucker
	Kreuzkümmel, gemahlen

Das Rotkraut sehr fein reiben und mit Salz, Zucker und etwas Kreuzkümmel abschmecken.

ANRICHTEN

Chiliflocken

Die Lammnuss aus dem Sud nehmen, etwa 5 Minuten ruhen lassen, anschließend in Scheiben schneiden. Zusammen mit dem Kraut und dem Kefir servieren. Den jungen Knoblauch aus dem Sud nehmen, von der äußeren Schale befreien und dazu reichen. Mit einigen Chiliflocken bestreuen.

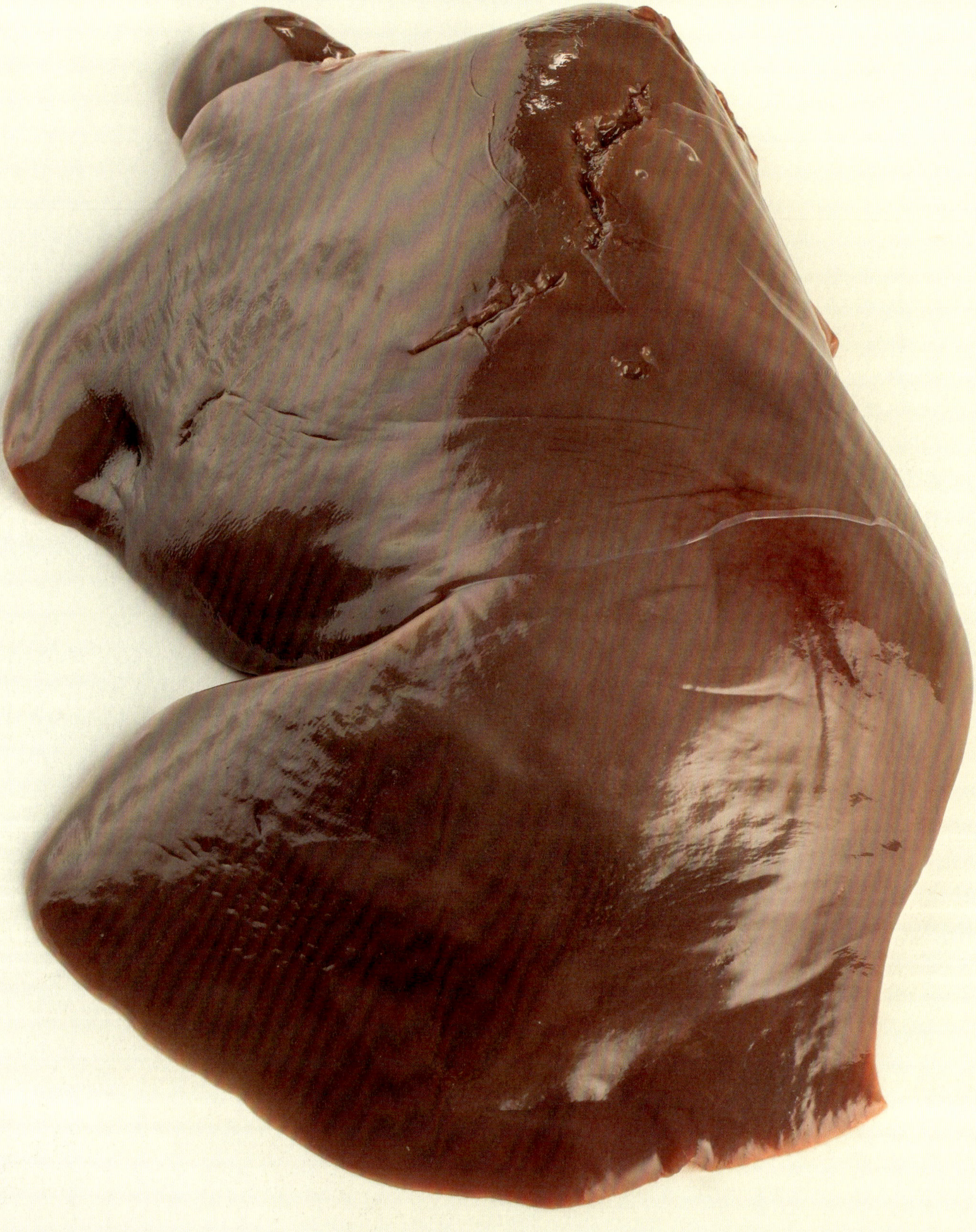

LEBER

Die Leber ist neben dem Bries der Star aller Innereien. Sie wird von allen Tieren verwertet und ist in der Gastronomie am häufigsten anzutreffen. Sie gehört zu den größten Organen und ist für zahlreiche Stoffwechsel- und Entgiftungsvorgänge zuständig. Sie sondert die zur Fettverdauung notwendige Galle ab, diese ist für den manchmal wahrnehmbaren bitteren Beigeschmack verantwortlich.
Die Leber ist Basis für viele beliebte Wurst- und Pastetenspezialitäten und findet sich im Nationalgericht Berlins, der Kalbsleber nach Berliner Art, wieder. Es ist zu beachten, dass beim Braten die Leber erst zum Schluss gewürzt wird.

ARANCINI MIT LAMMLEBER „PRIMAVERA"

SPECK / ERBSEN / TOMATENÖL

ARANCINI (GEBACKENE RISOTTOKNÖDEL)

- 60 g Schalotten, gewürfelt
- 40 g Butter
- Olivenöl
- 200 g Risottoreis
- 125 ml Weißwein
- 750 ml heiße Geflügelbrühe
- 80 g Parmesan, gerieben
- 1 Eigelb
- Salz
- frisch gemahlener schwarzer Pfeffer

Die Schalottenwürfel in der Butter und etwas Olivenöl glasig dünsten. Den Reis dazugeben und für 1 Minute ebenfalls glasig dünsten. Mit dem Weißwein ablöschen und kurz aufwallen lassen. Danach schrittweise heiße Brühe dazugießen und den Reis langsam weich garen. Im Gegensatz zum klassischen Risotto kann der Reis etwas weicher und etwas trockener sein. Sobald er in diesem Zustand ist, in eine Schüssel geben, den Parmesan unterrühren und mit dem Eigelb mischen. Mit Salz und Pfeffer abschmecken und auskühlen lassen.

FÜLLUNG

- 100 g Lammleber
- 40 g Semmelbrösel
- 10 g frischer Thymian und Majoran, fein gehackt
- 3 g Paprikapulver
- Salz
- frisch gemahlener schwarzer Pfeffer

Die Leber kuttern und durch ein Sieb streichen. Semmelbrösel und Gewürze untermischen und abschmecken.

TOMATENÖL

- 80 ml Olivenöl
- 30 g Tomatenflocken (Ingo Holland)
- Cayennepfeffer

Das Olivenöl mit den Tomatenflocken mischen. Nach Belieben mit Cayennepfeffer abschmecken.

ANRICHTEN

- Pflanzenöl
- 100 g Buttererbsen
- 8 dünne Scheiben Primavera-Schinken

Aus etwas Risottoreis einen kleinen Knödel formen. Mithilfe eines Löffels ein Loch hineinstechen und die Lebermasse einfüllen. Den Knödel verschließen und fest zusammenrollen. Im heißen Öl goldbraun ausbacken. Die Buttererbsen in einer Pfanne kurz anschwenken und mit dem Schinken „übereinanderschichten". Etwas Tomatenöl auf den Teller ziehen und einen aufgeschnittenen Knödel danebenlegen.

IRISH STEW

IRISH STEW

400	g	Lammfleisch (am besten aus Waden, Schulter, Bauch und Brust)
		Olivenöl
150	g	Zwiebeln
100	g	Karotten
200	g	festkochende Kartoffeln
100	g	Staudensellerie
40	g	Tomatenmark
		Salz
		Zucker
		frisch gemahlener schwarzer Pfeffer
1	l	Heller Lammfond (siehe Seite 231)
1		Thymianzweig
2		Lorbeerblätter
2		Nelken
2		Knoblauchzehen, gerieben
½		Knoblauchknolle

Das Lammfleisch in walnussgroße Stücke schneiden und im heißen Olivenöl kräftig anbraten. In der Zwischenzeit Zwiebeln, Karotten und Kartoffeln schälen, vom Staudensellerie die Fäden ziehen. Alles in grobe Würfel schneiden.

Die Zwiebeln als Erstes zum Fleisch geben und kräftig mitanschwitzen lassen. Dann Karotten, Staudensellerie und Kartoffeln zugeben und zusammen mit dem Tomatenmark nochmals etwa 10 Minuten leicht anschwitzen. Kräftig mit Salz, Zucker und Pfeffer würzen. Anschließend den Lammfond angießen und alles kurz aufkochen lassen, dann leicht abschäumen.

Das Ragout bei kleiner Hitze etwa 40 Minuten ziehen lassen. Im Anschluss Kräuter, restliche Gewürze und den geriebenen Knoblauch dazugeben, außerdem die halbe Knoblauchknolle, und weitere 50 Minuten ziehen lassen. Das Ergebnis sollte ein leicht reduziertes Ragout sein.

ANRICHTEN

80	g	grüne Bohnen
		Sauerrahm

Die grünen Bohnen putzen, blanchieren und zum Irish Stew servieren. Nach Belieben etwas Sauerrahm dazu reichen.

NIEREN
(NIERLI)

Lamm- und Kalbsnieren werden im Süden Deutschlands gerne sauer zubereitet. Auch Saure Schweinsnieren oder Nieren im Kesselfleisch sind sehr beliebt. Das Original Züricher Geschnetzelte wird ebenfalls mit klein geschnittenen Nieren verfeinert. Wichtig bei der Zubereitung von Nieren ist, dass das Fett komplett entfernt wird. Zusätzlich muss sie gut gewässert oder mit Salz durchgeknetet werden, um den ungewollten Uringeschmack zu unterbinden. Eine andere Art dies zu vermeiden ist, sie in Milch einzulegen. Wie bei der Leber werden Nieren erst nach dem Braten gesalzen, da sie sonst zäh werden.

LAMMNIEREN SAUER

POLENTA / GEBRATENER KNOBLAUCH / ROTE ZWIEBELN

LAMMNIEREN

12	Lammnieren	Die Nieren vom Häutchen befreien und in einer Pfanne mit Öl von allen Seiten anbraten. Die Butter dazugeben und die Nieren mit Salz und Pfeffer würzen, nach etwa 6 Minuten herausnehmen und einige Minuten ruhen lassen.
	Pflanzenöl	
40 g	Butter	
	Salz	
	frisch gemahlener schwarzer Pfeffer	

POLENTA

400 ml	Milch	Für die Polenta zunächst die Milch mit Knoblauch, Thymian und Rosmarin aufkochen lassen, durch ein Sieb passieren und die Butter hinzugeben. Den Polentagrieß einrühren, mit Salz abschmecken und etwa 8 Minuten zu einer cremigen Masse kochen.
1	Knoblauchzehe, geschält	
1	Thymianzweig	
1	Rosmarinzweig	
40 g	Butter	
200 g	Polentagrieß	
	Salz	

KNOBLAUCH

2	Knollen junger Knoblauch	Den Knoblauch schälen, die Zehen auslösen und in Olivenöl langsam goldbraun anbraten.
	Olivenöl	

ZWIEBELN

2	rote Zwiebeln	Beide Zwiebelsorten schälen, vierteln und in Olivenöl langsam anbraten. Oliven und Tomate fein würfeln und für etwa 5 Minuten zu den Zwiebeln geben. Mit Salz und Pfeffer würzen.
8	schwarze Zwiebeln	
	Olivenöl	
8	grüne Oliven	
1	Tomate	
	Salz	
	frisch gemahlener schwarzer Pfeffer	

ANRICHTEN

½	Bund frischer Majoran	Den frischen Majoran in etwas Öl ausbacken. Die cremige Polenta auf den Teller streichen, die Nieren halbieren und an der Innenseite nochmals nachwürzen. Zwiebeln und Knoblauchzehen dazwischen anrichten und die Oliven- und Tomatenwürfel aufstreuen. Die Nieren zum Schluss mit dem gebackenen Majoran garnieren.
	neutrales Öl zum Ausbacken	

RAVIOLI VOM LAMMBRIES

GEREIFTER BRIE / PINIENKERNE / PREISELBEEREN

RAVIOLI

1	Ei
6	Eigelb
2 EL	Olivenöl
5 g	Salz
	etwas Muskatnuss
400 g	Nudelgrieß

Das Ei mit Eigelb, 2 EL Wasser, Olivenöl und Gewürzen verrühren und etwa 30 Minuten stehen lassen. Dann mit dem Nudelgrieß mischen und zu einem geschmeidigen Teig verarbeiten. In Frischhaltefolie wickeln und etwa 1 Stunde kühl quellen lassen.

RAVIOLIFÜLLUNG

200 g	Lammbries
	Salz
	frisch gemahlener schwarzer Pfeffer
20 ml	Rapsöl
30 g	Butter
1	Thymianzweig
1	Knoblauchzehe, geschält
50 g	Crème fraîche
10 g	frischer Estragon
1	Eigelb zum Bestreichen
	etwas Butter oder Olivenöl zum Glacieren

Das Lammbries gründlich wässern, das äußere Häutchen ablösen und trocken legen. Das Bries anschließend in kleine Würfel schneiden, mit Salz und Pfeffer würzen und in einer heißen Pfanne in Rapsöl etwa 4 Minuten goldbraun braten. Die Butter dazugeben und mit Thymian und Knoblauch aromatisieren. Auf Küchenpapier geben und trocken tupfen. Die Brieswürfel mit Crème fraîche und Estragon mischen, dann nochmals nachschmecken.

Den Ravioliteig dünn ausrollen und nach Belieben mithilfe von Ausstechern runde, viereckige oder dreieckige Stücke herstellen. Die Füllung gleichmäßig portionieren und mittig auf die Teigstücke legen. Den Rand mit Eigelb bestreichen, den Teig darüberklappen und so die Ränder zusammenkleben. In kochendem Salzwasser etwa 3 Minuten garen, dann mit etwas Butter oder Olivenöl glacieren.

PINIENKERNE

60 g	Pinienkerne
20 g	Butter
1	Rosmarinzweig, gezupft

Die Pinienkerne zunächst trocken in einer Pfanne rösten, dann Butter und Rosmarinnadeln dazugeben und vorsichtig etwa 3 Minuten braten. Achtung: Die Kerne brennen leicht an.

ANRICHTEN

40 g	Preiselbeeren
160 g	reifer Brie
	einige Rosmarinnadeln

Die Ravioli mit gerösteten Pinienkernen, Preiselbeeren und reifem Brie anrichten. Außerdem mit einigen Rosmarinnadeln bestreuen.

MILCHZIEGE
KAROTTE / BÄRLAUCH / BLÜTEN

MILCHZIEGE

200	g	Bugblatt von der Milchziege
		Salz
		Zucker
70	g	Schalotten
40	g	Butter
80	ml	trockener Weißwein
500	ml	Ziegenmilch
1		Knoblauchzehe, geschält
1		Rosmarinzweig
1		Thymianzweig
50	g	frischer Bärlauch, fein geschnitten

Das Fleisch von Fett und Sehnen befreien und in kleine Würfel schneiden. Mit Salz und Zucker würzen und etwa 30 Minuten marinieren. Die Schalotten schälen, in Würfel schneiden und in der Butter anschwitzen. Mit dem Weißwein ablöschen und reduzieren lassen. Anschließend das Fleisch dazugeben und mit der Ziegenmilch aufgießen. Dann Knoblauch, Rosmarin und Thymian dazugeben. Etwa 30 Minuten ziehen lassen, bis das Fleisch weich ist. Im Anschluss herausnehmen und beiseitestellen. Ein Drittel der Milch umfüllen und mit dem Bärlauch zu einem Schaum mixen, diesen durch ein Sieb passieren. Die restliche Milchsuppe ebenfalls mixen und passieren.

ANRICHTEN

1		Urkarotte
		neutrales Öl zum Ausbacken
		Rosmarinnadeln
		verschiedene essbare Blüten

Die Urkarotte gut waschen und in dünne Streifen schneiden. Diese in heißem Öl kross ausbacken. Die Suppe in Schälchen füllen, das Fleisch und einige Rosmarinnadeln hineingeben, mit dem Bärlauchschaum und den Blüten garnieren und eine „Karotten-Schlaufe“ dazu reichen.

ZIEGEN-, GAMS- ODER LAMMKEULE IN DER BAUMRINDE

GERÄUCHERT / CUMBERLAND-YAKI / PAPERBARK

KEULE

1	Oberschale, Unterschale oder Nuss von Ziege, Gams oder Lamm
	Salz
	Zucker
	frisch gemahlener schwarzer Pfeffer
1	Thymianzweig
1	Rosmarinzweig
1	Estragonzweig
	Abrieb von 1 unbehandelten Orange
	Abrieb von 1 unbehandelten Zitrone
	Zedernholz-Baumrinde (Bos Food)

Das Fleisch salzen und zuckern und kräftig mit schwarzem Pfeffer würzen. Mit den Kräutern belegen, dann Orangen- und Zitronenabrieb darüberreiben. Die Zedernholzrinde 20 Minuten in Wasser einlegen. Das gewürzte Fleisch in die Baumrinde einrollen und mit Küchengarn fest zusammenbinden. Anschließend das Paket für etwa 4 Stunden bei 56 °C in den Smoker geben.

CUMBERLAND-YAKI-SAUCE

150 g	Johannisbeergelee
1 TL	englisches Senfpulver
20 ml	Cognac
20 ml	Sojasauce
	Abrieb von 1 unbehandelten Orange
	Abrieb von 1 unbehandelten Limette
	Salz
	Cayennepfeffer

Das Johannisbeergelee mit dem Senfpulver verrühren. Cognac, Sojasauce sowie Orangen- und Limettenabrieb untermischen, dann mit Salz und Cayennepfeffer abschmecken.

ANRICHTEN

1	Knolle junger Knoblauch
	neutrales Öl zum Ausbacken

Das Fleisch aus dem Smoker nehmen und in Scheiben schneiden, daneben die Cumberland-Yaki-Sauce auf den Teller geben. Den jungen Knoblauch kurz in der Pfanne ausbacken und dazu reichen. Der Knoblauch sollte nur kurz in der Pfanne frittiert und herausgenommen werden, bevor er braun ist. Ansonsten bekommt er einen bitteren Beigeschmack.

FALSCHER HASE - RICHTIG
GALANTINE VOM KANINCHEN

KANINCHENFARCE

50 g Sahne
200 g Kaninchenfleisch aus den Schultern
Meersalz
frisch gemahlener schwarzer Pfeffer
Zucker
Muskatnuss
Cayennepfeffer

Die Sahne auf ein flaches Blech gießen und einfrieren. Sobald sie hart gefroren ist, in kleine Stücke brechen. Die Kaninchenschultern mit einem Ausbeinmesser sauber auslösen und im Kutter mit der Sahne zu einer feinen Farce kuttern. Mit Salz, Pfeffer, Zucker, Muskatnuss und Cayennepfeffer würzig abschmecken. Alternativ kann auch fertiges Kalbsbrät vom Metzger verwendet werden.

GALANTINE VOM KANINCHEN

1 ganzes Kaninchen, ausgelöst
1 Kaninchenleber
1 Kaninchenherz
2 Kaninchennieren
Pflanzenöl
250 g Kaninchenfarce (s. o.)
20 Pistazien, gehackt
Meersalz
Zucker
frisch gemahlener schwarzer Pfeffer
Cayennepfeffer
Muskatnuss, frisch gerieben
frische Petersilie
gerebelter Majoran
7 Wachteleier, hart gekocht

Ein großes Stück Klarsichtfolie auf der Arbeitsfläche ausbreiten und das Kaninchenfleisch auflegen. Die Innereien des Kaninchens klein hacken und scharf in Pflanzenöl anbraten. Die Kaninchenfarce mit den angebratenen Innereien und den Pistazien mischen. Mit Gewürzen und Kräutern abschmecken, dann auf das Kaninchenfleisch streichen. Die Wachteleier in der Mitte auflegen und fest einrollen. Die Rolle mit einer Lage Alufolie umwickeln und bei 80 °C für 1 ½ Stunden im Wasserbad garen.

DREIERLEI KOHLRABI

2 Kohlrabi
je 100 g Salz und Zucker
Butter
100 g Sahne
½ Lauchzwiebel, geschnitten
4 Scheiben Speck vom Schweinebauch

Die Kohlrabis schälen und von den holzigen Stellen befreien. Zwei Drittel der Knollen in Spalten, den Rest in etwa 1 cm dicke Stifte schneiden. Mit Salz und Zucker in einer Schüssel mischen. Danach in etwas Butter anbraten. Die Kohlrabistifte und die Hälfte der Kohlrabispalten beiseitestellen. Den übrigen Kohlrabi mit Sahne begießen und die Flüssigkeit auf ein Drittel mit cremiger Konsistenz reduzieren lassen. Den restlichen Kohlrabi einmal mit geschnittenem Lauch durchschwenken und die Kohlrabistifte mit gebratenem Speck umwickeln.

ANRICHTEN

100 ml Kalbsjus (siehe Seite 230)

Den falschen Hasen in etwa 1 cm dicke Scheiben schneiden und auf den Teller legen. Die drei verschiedenen Kohlrabivariationen daneben anrichten und mit ein wenig Kalbsjus garnieren.

INFO

Die klassische Galantine

Für eine klassische Galantine wird das gewünschte Tier entbeint, ohne die Haut zu verletzen. Dann wird es mit einer Farce aus der gleichen Fleischart und weiteren Zutaten gefüllt, zusammengerollt, fest in ein Tuch gewickelt und in kräftiger Brühe langsam pochiert. Nach dem Auskühlen wird das Tuch entfernt und die Galantine meist mit Gelee oder einer Chaudfroidsauce überzogen.

SUGO VON DER KANINCHENSCHULTER
GNOCCHI / LÖWENZAHN / KAFFEE-SCHAUM

SUGO VON DER KANINCHENSCHULTER

- 4 Kaninchenschultern mit Knochen
- Meersalz
- frisch gemahlener schwarzer Pfeffer
- Kardamom
- Cayennepfeffer
- Pflanzenöl
- 1 Zwiebel, geschält und gewürfelt
- 1 Karotte, geschält und gewürfelt
- 1 Petersilienwurzel, geschält und gewürfelt
- 2 Tomaten, geschält und zerdrückt
- 100 ml Weißwein
- 1 l Kalbs- oder Kaninchenfond (siehe Seite 230)

Die Kaninchenschultern mit den Gewürzen einreiben und in einem großen Topf in Pflanzenöl von allen Seiten anbraten. Das Fleisch herausnehmen und beiseitestellen. In demselben Topf zuerst die Zwiebel und das Wurzelgemüse rösten und dann die zerdrückten Tomaten zugeben. Mit Weißwein ablöschen und einreduzieren lassen. Die Schultern zugeben und mit dem Fond aufgießen. Ohne Deckel bei 80 °C schmoren, bis sich das Fleisch leicht vom Knochen löst. Die Schultern herausnehmen und möglichst in warmem Zustand auslösen und in kleine Stücke zupfen. Einen Esslöffel der Karotten entnehmen und zum Anrichten beiseitestellen.
Den Fond abpassieren und das Schmorgemüse durch die Passiermühle drehen. Das passierte Gemüse mit der gezupften Kaninchenschulter vermengen. Mit Salz, Kardamom und Cayennepfeffer würzig abschmecken.

GNOCCHI

- 350 g mehligkochende Kartoffeln
- 1 Eigelb
- 30 g Mehl
- 35 g Grieß
- 1 TL Senfpulver
- Salz
- Muskatnuss
- Butter zum Anbraten

Die ungeschälten Kartoffeln im Kombidämpfer dämpfen, bis sie sehr weich sind. Erst schälen, wenn sie abgekühlt sind. Anschließend mit einem Stampfer zu einer feinen Masse zerdrücken und Ei, Mehl, Grieß sowie das Senfpulver untermengen. Mit Salz und Muskat würzig abschmecken. Die Arbeitsfläche mehlieren und die Kartoffelmasse zu langen Rollen formen. In kleine Portionen schneiden und mit einer Gabel das Gnocchimuster eindrücken. Anschließend in Butter goldgelb anbraten.

KAFFEE-SCHAUM

- 500 g Sahne
- 100 g Kaffeebohnen, grob zerstoßen
- Meersalz
- Zucker
- 1 EL Lecithin

In einem Topf die Sahne aufkochen und die grob zerkleinerten Kaffeebohnen zugeben. 8 Stunden bei geringer Hitze ziehen lassen. Mit Salz und Zucker abschmecken. Anschließend etwas Lecithin zugeben und mit dem Pürierstab aufschäumen.

LÖWENZAHN

- 16 Löwenzahnblätter
- Salz
- Butter

Den Löwenzahn leicht salzen und in heißer Butter nur kurz sautieren, sodass er schön knackig bleibt.

ANRICHTEN

- Parmesan

Die Gnocchi in einen tiefen Teller geben und mit dem Sugo anrichten. Den Löwenzahn und die übrigen Karotten daraufsetzen und den Kaffee-schaum dazugeben. Nach Belieben zusätzlich etwas Parmesan darüberhobeln.

HASENLEBER-CROSTINO

HASENLEBER

4 Hasen- bzw. Kaninchenlebern
2 EL Mehl
1 Rosmarinzweig
1 Thymianzweig
Zucker
1 Knoblauchzehe, geschält
etwas Thai-Chili, in Ringe geschnitten (je nach gewünschter Schärfe)
30 g Butter

Die Lebern von der Haut befreien und in kleine Stücke schneiden. In Mehl wenden. Zusammen mit Kräutern, Zucker, Knoblauch und Chili scharf in Butter anbraten, bis die Leber goldbraun ist.

TRAMEZZINI

20 g Butter
1 Scheibe Tramezzini (festes italienisches Toastbrot)

In der Pfanne, in der die Leber gebraten wurde, die Butter leicht braun werden lassen. Die dadurch entstandene Nussbutter jedoch nicht passieren. Das Brot in der Nussbutter anrösten.

DIP

1 EL Crème fraîche
1 TL Olivenöl
Abrieb von 1 unbehandelten Zitrone

Crème fraîche, Olivenöl und Zitronenabrieb zu einem Dip anrühren.

ANRICHTEN

Meersalz
frisch gemahlener schwarzer Pfeffer
Zitronenabrieb
Olivenöl

Den Dip auf einem Teller verstreichen. Die gebratene Leber mit Meersalz und Pfeffer würzen und auf dem gerösteten Tramezzini anrichten. Alles auf dem Dip platzieren und nach Wunsch mit etwas zusätzlichem Zitronenabrieb sowie einigen Tropfen Olivenöl garnieren.

INFO

Leber immer erst nach dem Braten salzen, da diese sonst zäh und trocken wird.

„KIDNEYS“
KANINCHENNIEREN / BOHNEN / KARTOFFEL-PAPIER

KANINCHENNIEREN

50 g Kidneybohnen
50 g weiße Bohnen
50 g Käferbohnen
8 Kaninchennieren
Meersalz
50 g Butter
1 Schalotte, gehackt
frisch gemahlener schwarzer Pfeffer
50 ml Weißwein
1 frischer Estragonzweig, gehackt
1 frischer Kerbelzweig, gehackt

Die Bohnen über Nacht in eine Schüssel geben und in Wasser einweichen. Die Nieren halbieren und vom innenliegenden Fett befreien. Anschließend mit einer Handvoll Salz kräftig durchkneten und mit kaltem Wasser abwaschen.
Die Butter in einer Pfanne erhitzen. Die Nierchen mit den eingeweichten Bohnen und der Schalotte hineingeben und anbraten. Mit Pfeffer und Salz würzen und mit dem Weißwein ablöschen, reduzieren lassen. Anschließend die gehackten Kräuter untermischen.

KARTOFFEL-PAPIER

2 große mehligkochende Kartoffeln
Currypulver

Die Kartoffeln schälen, in Würfel schneiden und in Salzwasser extrem weich kochen. Sehr fein pürieren und hauchdünn als „Platte“ auf eine Silikonmatte streichen. Anschließend unter dem Salamander oder der Wärmebrücke bei 80 °C trocknen lassen, in Chips brechen und mit Currypulver bestreuen.

„KARNICKEL-CANDIES“
BUNTE LOLLIS VOM KANINCHEN

KARNICKEL-CANDIES

Kaninchenfarce (siehe Rezept Seite 214)
pflanzliche Lebensmittelfarben (von Sosa)
3 Bauchlappen vom Kaninchen
Butter

Die Kaninchenfarce nach Wunsch mit den Lebensmittelfarben einfärben. Ein großes Stück Alufolie auf der Arbeitsfläche ausbreiten und darauf ein ebenso großes Stück Klarsichtfolie legen. Die Bauchlappen darauf platzieren und mit der entsprechend eingefärbten Farce bestreichen. Anschließend die Bauchlappen einrollen und im vorgeheizten Ofen bei 80 °C Heißluft für mindestens 1 Stunde garen. Bei größeren Kaninchenbäuchen muss die Garzeit dementsprechend verlängert werden.
In einer Pfanne etwas Butter erhitzen und die Kaninchenrollen kurz darin nachbraten.

ANRICHTEN

Holzspieße
frische Kräuter je nach Saison, z.B. Bärlauch, Schafgarbe, Borretsch, Pimpinelle, Kerbel, Dill etc.

Die Rollen in schmale Scheiben schneiden und auf die Holzspieße stecken; sie sollen wie Lollis aussehen. Mit frischen Kräutern der Saison dekorieren und servieren.

GRUNDREZEPTE

GRUNDREZEPTE | SAUCEN UND FONDS

FETTSAUCEN

Die Fettsaucen werden als kalte oder warme Emulsion zubereitet. Als Geschmacksträger können sowohl tierische Fette (also Rindertalg, Enten- und Gänsefett sowie Schweineschmalz) verwendet werden. Aber auch pflanzliche Öle wie Olivenöl, Argan-, Mais- oder Hanföl ergeben in den verschiedensten Kombinationen mit Gewürzen ungewöhnliche Geschmackserlebnisse.

GRUNDREZEPT: SAUCE HOLLANDAISE VOM WAGYU-NIERENFETT AUS DEM HOTWHIP

25 ml	heller Balsamicoessig
30 ml	Weißwein (junger grüner Veltliner)
20 g	Schalotten, fein gehackt
1 EL	Senfkörner
1	Stängel Zitronengras, angeschlagen
50 ml	Wasser

REDUKTION: Aus Essig, Wein, Schalotten, Senfkörnern, Zitronengras und 25 ml Wasser eine kräftige Reduktion einkochen. Diese anschließend durch ein feines Sieb passieren.

1 TL	Voatsiperifery-Madagaskar-Pfeffer
500 g	Wagyu-Nierenfett, ausgelassen
100 g	Eigelb

SAUCE HOLLANDAISE: Den Voatsiperifery-Pfeffer 6 Stunden in einem Räucherschrank mit Buchenholz räuchern. Das Wagyu-Nierenfett durch den Fleischwolf (mittlere Scheibe) drehen und in einem Topf langsam zum Schmelzen bringen. Passieren und die „Grieben" aufbewahren. Den Hotwhip auf 70 °C einstellen und die Reduktion mit dem Eigelb und weiteren 25 ml Wasser auf Stufe 3 zu einer cremigen Masse verrühren. Dann das ausgelassene Nierenfett auf 45 °C temperieren und in einem feinen Faden in die Eigelbmasse fließen lassen.

Die Rührgeschwindigkeit ist der Masse so anzupassen, dass in der Mitte des Bechers ein Trichter ersichtlich bleibt. Den geräucherten Pfeffer mahlen und die Sauce mit einer Prise davon verfeinern.

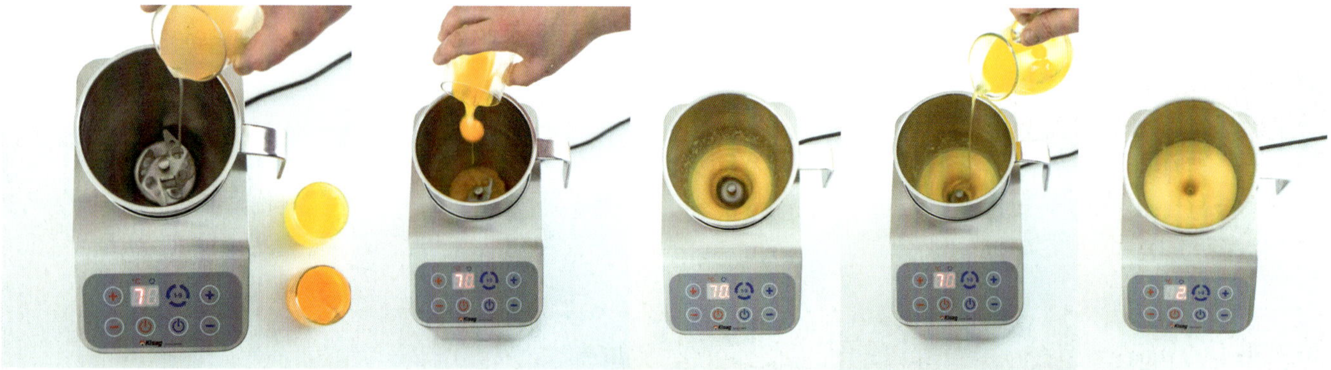

ABWANDLUNGEN SAUCE HOLLANDAISE

Die Fettsaucen können beliebig abgeändert werden. Wichtig ist, dass man das Grundrezept beibehält und lediglich die Fettsorte bzw. das Öl verändert. Als Beispiel verschiedene Abwandlungen:

ENTENFETT-ORANGENREDUKTION MIT GRAND MARNIER

30 ml Grand Marnier statt Weißwein
50 ml Orangensaft, frisch gepresst statt Wasser
500 g Entenschmalz

ROTE-BETE-KÜMMEL-HOLLANDAISE MIT SCHWEINESCHMALZ

30 ml Rote-Bete-Saft statt Weißwein
500 g Schweineschmalz, flüssig
1 EL Kümmel, geröstet

SAFRAN

500 ml Maisöl
1 TL Kurkumapulver
Safranfäden

HANFÖL-KARDAMOM

500 g Hanföl
1 TL Kardamom, gemahlen

OLIVENEMULSION

500 ml Olivenöl

SAUCE HOLLANDAISE „À LA WAGYU“

150 ml trockener Weißwein
10 ml Estragonessig
5 Rosmarinnadeln
4 schwarze Pfefferkörner
1 Lorbeerblatt

REDUKTION: Alle Zutaten in einen kleinen Topf geben und bei mittlerer Hitze auf die Hälfte reduzieren lassen. Anschließend durch ein feines Sieb passieren.

4 Bio-Eigelb
1 Bio-Ei
Meersalz
1 Prise Cayennepfeffer
300 g Wagyu-Nierenfett, ausgelassen
Zitronensaft

SAUCE HOLLANDAISE: Eigelb, Ei, Meersalz, Cayennepfeffer und die Reduktion in einen Schlagkessel geben. Auf einem kochenden Wasserbad schaumig schlagen, bis die Masse gebunden hat und cremig ist. Vom Wasserbad nehmen und nach und nach das heiße Wagyu-Fett (bei 60–70 °C) in die Masse einrühren. Mit etwas Zitronensaft verfeinern und abschmecken.

TIPP: Je länger sie das Wagyu-Fett auslassen, desto brauner und nussiger wird der Geschmack des Fettes.

RINDERJUS

- 2 kg Rinderknochen
- 4 EL Pflanzenöl
- 2 EL Tomatenmark
- ½ Sellerieknolle
- 1 Petersilienwurzel
- 1 Lauchstange
- 2 Karotten
- 2 Zwiebeln
- 2 Knoblauchzehen
- 1 l Rotwein oder Traubensaft
- 4 Lorbeerblätter
- 1 EL Gewürzmischung „Vadouvan" (Ingo Holland)
- Piment
- Salz und frisch gemahlener schwarzer Pfeffer

Die Rinderknochen mit Pflanzenöl und Tomatenmark bei starker Hitze anrösten, bis sich auf dem Topfboden ein dunkler Film bildet. Unter ständigem Rühren weiterrösten. In der Zwischenzeit das Gemüse schälen, putzen und klein schneiden, mit in den Topf geben und weiterrösten. Anschließend mit dem Wein ablöschen und so stark reduzieren, bis fast keine Flüssigkeit mehr im Topf ist. Dann mit 3 Litern Wasser auffüllen und die Gewürze zugeben. Vorsichtig köcheln lassen und auf 1 Liter reduzieren. Zum Schluss durch ein Sieb passieren.

SCHWEINEJUS

- 2 kg Schweineknochen
- 4 EL Pflanzenöl
- 2 EL Tomatenmark
- ½ Sellerieknolle
- 1 Petersilienwurzel
- 1 Lauchstange
- 2 Karotten
- 2 Zwiebeln
- 2 Knoblauchzehen
- 1 l Rotwein oder Traubensaft
- 200 ml Malzbier
- 4 Lorbeerblätter
- 1 EL Gewürzmischung „Vadouvan" (Ingo Holland)
- Wacholderbeeren
- Kümmel
- Salz und frisch gemahlener schwarzer Pfeffer

Die Schweineknochen mit Pflanzenöl und Tomatenmark bei starker Hitze anrösten, bis sich auf dem Topfboden ein dunkler Film bildet. Unter ständigem Rühren weiterrösten. In der Zwischenzeit das Gemüse schälen, putzen und klein schneiden, mit in den Topf geben und weiterrösten. Anschließend mit Wein und Malzbier ablöschen und so stark reduzieren, bis fast keine Flüssigkeit mehr im Topf ist. Dann mit 3 Litern Wasser auffüllen und die Gewürze zugeben. Vorsichtig köcheln lassen und auf 1 Liter reduzieren. Zum Schluss durch ein Sieb passieren.

KALBSJUS

- 2 kg Kalbsknochen
- 4 EL Pflanzenöl
- 2 EL Tomatenmark
- ½ Sellerieknolle
- 1 Petersilienwurzel
- 1 Lauchstange
- 2 Karotten
- 2 Zwiebeln
- 2 Knoblauchzehen
- 1 l Weißwein
- 4 Lorbeerblätter
- 1 EL Gewürzmischung „Vadouvan" (Ingo Holland)
- Piment
- Salz und frisch gemahlener schwarzer Pfeffer

Die Kalbsknochen mit Pflanzenöl und Tomatenmark bei starker Hitze anrösten, bis sich auf dem Topfboden ein dunkler Film bildet. Unter ständigem Rühren weiterrösten. In der Zwischenzeit das Gemüse schälen, putzen und klein schneiden, mit in den Topf geben und weiterrösten. Anschließend mit Wein ablöschen und so stark reduzieren, bis fast keine Flüssigkeit mehr im Topf ist. Dann mit 3 Litern Wasser auffüllen und die Gewürze zugeben. Vorsichtig köcheln lassen und auf 1 Liter reduzieren. Zum Schluss durch ein Sieb passieren.

BRAUNER KALBSFOND

- 200 g Markknochen
- 500 g Suppenfleisch (Brust, Hesse oder Schwanz)
- 2 EL Tomatenmark
- 200 ml Rotwein
- ½ Sellerieknolle
- 1 Petersilienwurzel
- 1 Lauchstange
- 2 Karotten
- 2 Zwiebeln
- 4 Lorbeerblätter
- 2 Liebstöckelzweige
- 1 EL Gewürzmischung „Vadouvan" (Ingo Holland)
- Piment
- Salz und frisch gemahlener schwarzer Pfeffer

Bei braunem Fond müssen die Knochen grundsätzlich vorher mit dem Tomatenmark angeröstet werden. Entweder im Topf mit ein wenig Fett oder im Backofen 30–45 Minuten bei 180 °C Heißluft.
Die Knochen kräftig mit dem Tomatenmark rösten (s.o.). Das Fleisch in gleichmäßig große Stücke schneiden. Den Wein in einem großen Topf auf ein Drittel reduzieren. In der Zwischenzeit das Gemüse schälen, putzen und klein schneiden, dann mit den Knochen und dem Fleisch zugeben. Mit 2 Litern Wasser auffüllen und die Gewürze zugeben. Vorsichtig köcheln lassen und auf 1 Liter reduzieren. Anschließend durch ein Sieb und, nach Belieben, auch durch ein Passiertuch geben.

HELLER LAMMFOND

200 g Lammknochen
500 g Suppenfleisch (Brust, Bauch, Stelzen)
200 ml Weißwein
½ Sellerieknolle
1 Petersilienwurzel
1 Lauchstange
2 Karotten
2 Zwiebeln
4 Lorbeerblätter
2 Rosmarinzweige
1 EL Gewürzmischung „Vadouvan“ (Ingo Holland)
Nelken
Salz und frisch gemahlener schwarzer Pfeffer

Die Knochen gut wässern und das Fleisch in gleichmäßig große Stücke schneiden. Den Wein in einem großen Topf auf ein Drittel reduzieren. In der Zwischenzeit das Gemüse schälen, putzen und klein schneiden, dann mit den Knochen und dem Fleisch zugeben. Mit 2 Litern Wasser auffüllen und die Gewürze zugeben. Vorsichtig köcheln lassen und auf 1 Liter reduzieren. Anschließend durch ein Sieb und, nach Belieben, auch durch ein Passiertuch geben.

HIRSCHFOND / WILDFOND

200 g Hirsch- oder Rehknochen
500 g Suppenfleisch (Brust, Bauch, Stelzen)
200 ml Rot- oder Roséwein
½ Sellerieknolle
1 Petersilienwurzel
1 Lauchstange
2 Karotten
2 Zwiebeln
4 Lorbeerblätter
2 Thymianzweige
1 EL Gewürzmischung „Vadouvan“ (Ingo Holland)
Nelken
Wacholder
Piment
Salz und frisch gemahlener schwarzer Pfeffer

Die Knochen gut wässern und das Fleisch in gleichmäßig große Stücke schneiden. Den Wein in einem großen Topf auf ein Drittel reduzieren. In der Zwischenzeit das Gemüse schälen, putzen und klein schneiden, dann mit den Knochen und dem Fleisch zugeben. Mit 2 Litern Wasser auffüllen und die Gewürze zugeben. Vorsichtig köcheln lassen und auf 1 Liter reduzieren. Anschließend durch ein Sieb und, nach Belieben, auch durch ein Passiertuch geben.

GEFLÜGELFOND

- 1 Suppenhuhn mit Knochen
- 200 ml Weißwein
- ½ Sellerieknolle
- 1 Petersilienwurzel
- 1 Lauchstange
- 2 Karotten
- 2 Zwiebeln
- 4 Lorbeerblätter
- 1 EL Gewürzmischung „Vadouvan" (Ingo Holland)
- Macisblüte
- Salz und frisch gemahlener schwarzer Pfeffer

Das Suppenhuhn gründlich waschen. Den Wein in einem großen Topf auf ein Drittel reduzieren. In der Zwischenzeit das Gemüse schälen, putzen und klein schneiden, dann mit dem Huhn zugeben. Mit 2 Litern Wasser auffüllen und die Gewürze zugeben. Vorsichtig köcheln lassen und auf 1 Liter reduzieren. Anschließend durch ein Sieb und, nach Belieben, auch durch ein Passiertuch geben.

RINDERBRÜHE

- 500 g Suppenfleisch (Brust, Hesse oder Schwanz)
- 200 g Markknochen
- ½ Sellerieknolle
- 1 Petersilienwurzel
- 1 Lauchstange
- 2 Karotten
- 2 Zwiebeln
- 4 Lorbeerblätter
- 2 Zweige Liebstöckel
- 1 EL Gewürzmischung „Vadouvan" (Ingo Holland)
- Salz und frisch gemahlener schwarzer Pfeffer

Das Fleisch in gleichmäßig große Stücke schneiden und die Knochen gut wässern. Je nach Wunsch kann man das Fleisch auch scharf anbraten. Somit bekommt die Brühe eine kräftigere Farbe. In der Zwischenzeit das Gemüse schälen, putzen und klein schneiden, dann mit den Knochen und dem Fleisch in einen großen Topf geben. Mit 2 Litern Wasser auffüllen und die Gewürze zugeben. Vorsichtig köcheln lassen und auf 1 Liter reduzieren. Anschließend durch ein Sieb und, nach Belieben, auch durch ein Passiertuch gießen.

BÉCHAMELSAUCE

- 75 g Butter
- 75 g Mehl
- 100 ml Weißwein oder Noilly Prat
- 1 Zwiebel, fein gewürfelt
- 600 ml Milch
- 400 g Sahne
- 1 Knoblauchzehe, angedrückt
- Muskatnuss
- Zucker
- Salz und weißer Pfeffer
- 2 EL Crème fraîche

Die Butter in einen Topf geben und darin schmelzen lassen. Dann schrittweise das Mehl dazusieben. Die Mehlschwitze anschließend mit Weißwein oder Noilly Prat, alternativ mit beidem, ablöschen. Unter ständigem Rühren etwas reduzieren. Die Zwiebeln zugeben und mit Milch und Sahne auffüllen. Weiterköcheln lassen und die angeschlagene Knoblauchzehe dazugeben, diese allerdings nach 5 Minuten wieder entnehmen. Mit den Gewürzen abschmecken und mithilfe eines Stabmixers pürieren. Je nach gewünschter Konsistenz zusätzlich die Crème fraîche einrühren.

KOCHTECHNIK

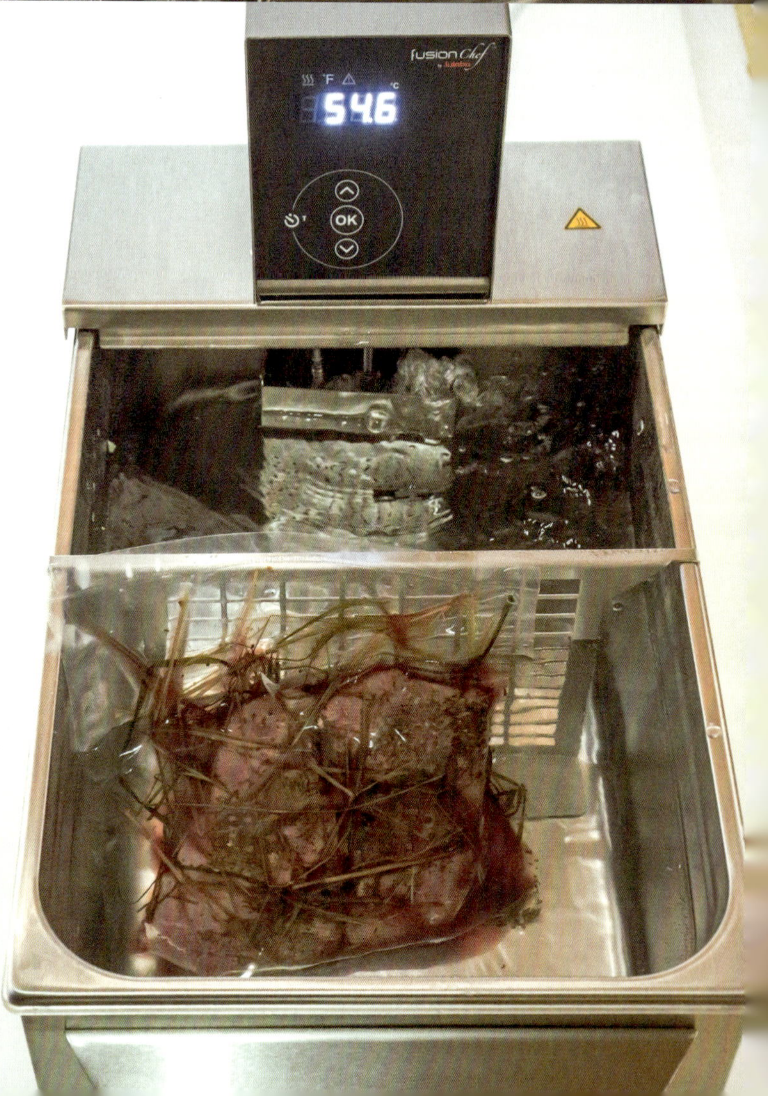

SOUS-VIDE | GAREN UNTER VAKUUM

VON HEIKO ANTONIEWICZ

Ein Verfahren, das die Küche von heute aromatischer denn je macht. Aber schon lange ist bekannt, dass Lebensmittel bei niedrigeren Temperaturen schonender zubereitet werden können. Die Sous-vide-Pioniere Pralus und Goussault begannen bereits Mitte der 70er-Jahre mit dieser Methode zu arbeiten. Der Auslöser war die Tatsache, dass sie eine Methode suchten, um Foie gras noch besser zu machen. Beide Herren arbeiten bis heute an der Weiterentwicklung dieser Kochform und der gewünschten Präzision.

Die Definition von „sous-vide“ ist heute in der Küchensprache tief verankert und heißt nichts anderes als „unter Vakuum“. Das Gargut wird unter Druck verschweißt und das Garen erfolgt am besten in Wasser oder Dampf. Kontrollierte Wasserbäder haben einen Vorteil, der ganz klar auf der Hand liegt: Wasser ist der beste Wärmeleiter, den die Natur zu bieten hat. Die Temperatur wird nur mit geringem Unterschied auf die Produkte übertragen. Ein Übergaren findet kaum noch statt. Zudem haben Geräte mit Umwälzpumpe einen weiteren Vorteil: die Produkte liegen nicht aufeinander und bleiben stets in Bewegung. Somit ist ein gleichmäßiges Garen garantiert. Die angewendeten Temperaturen sind in vielen Küchen unterschiedlich. Wir nutzen Bereiche von 38 °C–98 °C und diese werden immer wieder auf das Produkt abgestimmt. Ein weiterer Aspekt ist der persönliche Geschmack in Bezug auf die Textur, denn nicht jeder findet Gefallen an zu weichem Fleisch, das natürlich nicht den Biss von traditionell auf dem Grill oder ähnlich zubereitetem Fleisch haben kann. Man kann nur eine Empfehlung geben, die persönlich perfekte Temperatur muss jeder Chef jedoch selbst herausfinden. In den Küchen nutzen Köche die Methode mittlerweile für alle Produktgruppen und gehen dort weiter kreativ zu Werke: Fisch, Fleisch, Obst, Gemüse, Kartoffeln, Reis, Fonds, Eisgrundmassen, Polenta, um nur einige Beispiele zu nennen.

Folgende Empfehlungen für die Temperaturbereiche, relevant für die Sicherheit und Verantwortung der Chefs, sind einzuhalten:

Bei Langzeitgarungen sollten sie einen Temperaturbereich von 55 °C nicht unterschreiten, da das Bakterienwachstum darunter erheblich hoch ist. Fleisch und Fisch sollte für kurze Zeit in eine Salzlake eingelegt werden, um eine Grundwürze zu erhalten und mögliche Erreger abzutöten und erst dann vakuumiert werden. Bei Fisch empfiehlt es sich, das Filet bei mindestens -22 °C 24 Stunden zu frosten und erst im Anschluss zu vakuumieren. Bei Fleisch werden Bakterien auf der Außenseite durch kurzes Anbraten abgetötet , alternativ kann man es nach dem Vakuumieren kurz in 85 °C heißes Wasser legen und anschließend mit der gewünschten Temperatur weitergaren.

Folgende sechs Schritte sollten in der Küche beachtet werden:

1. Zuschneiden auf die gewünschte Größe.
2. Abkühlen von frischem Fleisch und Fisch auf 0 °C–2 °C.
3. Vakuumieren und dabei die HACCP-Richtlinien einhalten.
4. Bei der gewünschten Temperatur garen.
5. Abkühlen auf eine Kerntemperatur von 3 °C am besten innerhalb von unter 120 Minuten (ein Einlagern im Kühlhaus bei 3 °C ist möglich) oder sofortiges Weiterverarbeiten.
6. Regenerieren bei der entsprechenden Temperatur und anschließendes Anbraten

Lebensmittel die „sous-vide“ zubereitet werden, sollten immer von einwandfreier Qualität sein. Denn das Sous-vide-Verfahren potenziert jeden Geschmack – positiv wie auch negativ. Zudem sind nicht alle Produkte für den Einsatz im Beutel geeignet. Zwiebeln und Knoblauch sollten nur angeschwitzt und heruntergekühlt in die Beutel gefüllt werden, andernfalls ist ihr Aroma zu kräftig. Alkohol muss zunächst einmal aufkocht werden, ansonsten verstärkt sich der Alkoholgeschmack, da er im Beutel nicht verfliegen kann. Bei Langzeitgarungen sollte vollständig auf Olivenöl verzichtet werden, da die Gefahr besteht, dass nicht hochwertiges Öl einen metallischen und bitteren Geschmack annimmt. Bei Obst und Gemüse muss etwas Flüssigkeit wie Fond oder Wasser hinzugefügt werden, damit das Gut optimal garen kann. Der eigentliche Erfolg der „Sous-vide-Methode“ liegt darin, dass die Lebensmittel nicht ausgelaugt werden und der eigene Saft im Beutel verbleibt. Die Zutaten werden sozusagen eigenmariniert und bedürfen deshalb weniger Würze. Salz und andere Zutaten können reduziert werden. Obst und Gemüse oxidieren nicht mehr und bleiben knackig frisch.

Bei der exakten Temperaturführung bei Fleischzubereitungen ist es ein großer Vorteil, dass sich Muskelfasern nicht zusammenziehen und, dass der Fleischsaft im Lebensmittel verbleibt. Ein langes Garen muss nicht immer zum gewünschten Erfolg führen. Denn auch beim Sous-vide-Verfahren ist auf den Punkt gegart immer der beste Weg zum Erfolg. Längeres Verbleiben im Wasserbad (Übergaren) ist nicht immer förderlich für die Produkte. Eiweiß wird weiter denaturiert und der Geschmack nimmt ab. Das Fleisch sieht nach Überschreiten der Garzeit trocken und faserig aus. Die Textur erinnert an weiche Patés, zudem weist es einen erhöhten Eisengeschmack auf. Beim Anbraten von sous-vide gegartem Fleisch muss es in jedem Fall mit Fett wie zum Beispiel Öl oder Butter glasiert werden, damit das Fleisch nicht stumpf und matt aussieht. Ein Anbraten nach dem Garen, das sogenannte Rückwärtsbraten, liefert einen optimalen Geschmack.

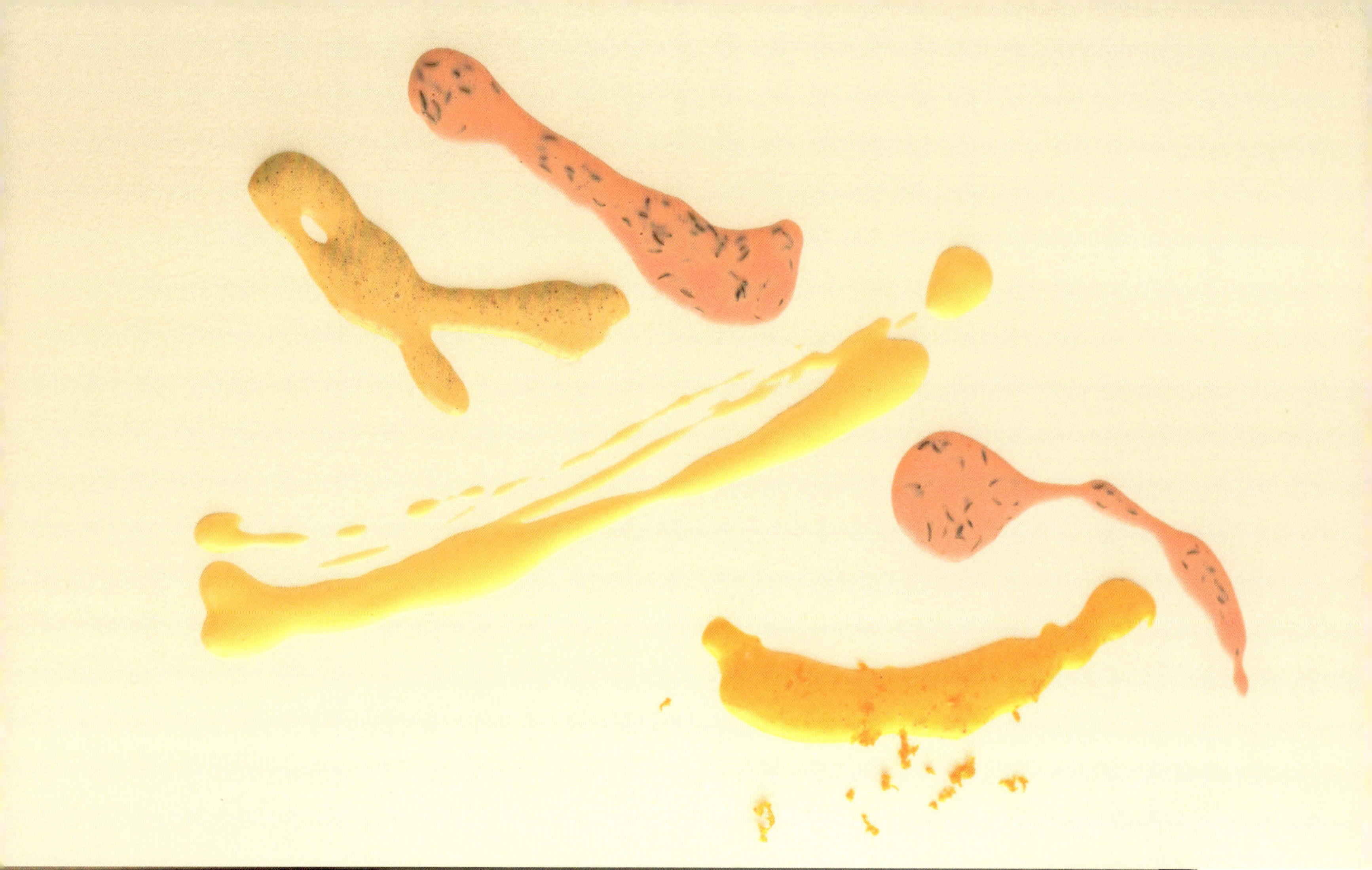

irinox
1:55
13°C
OK

EMULSIONEN

Unter einer Emulsion (von lat. „ex" und „mulgere", „herausgemolken") versteht man ein Gemisch zweier Flüssigkeiten, die sich normalerweise nicht vermischen. In der Küchenpraxis wird darunter gemeinhin ein homogenes Gemisch aus einer fetthaltigen und einer wässrigen Komponente verstanden. Man unterscheidet zwischen warmen und kalten Emulsionen. Eine warme Emulsion wird wie folgt zubereitet: Fett, Öl, Butter, Schmalz oder andere Öle zerlassen bzw. leicht erhitzen und lauwarm halten. Dann einen sogenannten Emulgator, z. B. Eigelb mit etwas Wasser, je nach Rezept auch mit Weißwein, Spirituosen oder einer Reduktion aus Wein oder Weinessig mischen. Im Anschluss die Mischung mit Zwiebeln, Kräutern und verschiedenen Gewürzen verfeinern.

Diesen Ansatz im Wasserbad oder in Kochgeräten wie dem Hotwhip (siehe Seite 226) schaumig schlagen, bis die Masse sich allmählich verdickt. Anschließend das lauwarme, flüssige Fett unter ständigem Schlagen bzw. Rühren nach und nach in einem dünnen Faden zufügen.

Es bildet sich eine cremige Emulsion. Diese nach Belieben abschmecken. Der Emulgator, in diesem Fall das Eigelb, verhindert, dass sich die fettige und die wässrige Komponente der Emulsion wieder trennen. Beispiele für warme Emulsionen sind die Sauce Hollandaise und deren Ableitungen. (siehe Seite 228)

Dieselbe Vorgehensweise gilt auch bei den kalten Emulsionen. Hier benötigt man allerdings keine Wärmequelle. Bekannte Beispiele für kalte Emulsionen sind Mayonnaise und deren Ableitungen wie z. B. die Sauce Remoulade sowie Salatdressings.

SCHOCKFROSTEN

Schockfrosten ist ein Art der Tiefkühlung, die sich durch einen großen Vorteil vom gewöhnlichen Einfrieren unterscheidet:
Beim Schockfrosten, das mit einer viel schnelleren Gefriergeschwindigkeit und einer Temperatur von -40 °C im Innenschrank stattfindet, bilden sich keine Makrokristalle. Das im Lebensmittel enthaltene Wasser kühlt so schnell, dass es beim Übergehen in den festen Zustand schneeähnliche Mikrokristalle statt der vom Gefrierprozess bekannten Eiskristalle bzw. Makrokristalle bildet. Denn durch langsames Tiefgefrieren bei -18 °C geht das in Zellen und Fasern der Lebensmittel enthaltene Wasser vom flüssigen in den festen Zustand über, wodurch die genannten Eismakrokristalle gebildet werden. Durch deren Volumenzunahme reißen die Membranen der Zellen und Fasern. Die Folgen dieses Reißvorgangs im Lebensmittel sind nicht sofort sichtbar, wirken sich aber negativ auf die Qualität des aufgetauten Lebensmittels und ihre Beschaffenheit aus (Oberfläche, Trockenheit sowie Gefrierbrand, die sogenannten organoleptischen Eigenschaften).

Da die Fasern und Zellen gerissen sind, kann es keine Flüssigkeiten mehr speichern. Diese enthalten jedoch Nährstoffe und verleihen dem Lebensmittel Form, Konsistenz und Farbe. Die beim Schockfrosten entstehenden Mikrokristalle sind so winzig, dass sie das Reißen der Zell- und Fasermembranen verhindern. Dadurch bewahrt die Nahrung beim Auftauen ihre ernährungssensorischen Eigenschaften und verliert keine Nährstoffe.

Da die Gefriergeschwindigkeit beim Schockfrosten bei mindestens 1 cm pro Stunde liegt, können auch heikle und sensible Lebensmittel wie Hackfleisch, geschabtes Fleisch, rohes Wurstbrät, Farcen, roher Fisch in Sushiqualität, Pilze, frische Kräuter und sehr wasserreiche Gemüse wie Spargel oder Beeren ohne Geschmacksverlust konserviert werden.

Gefriergeschwindigkeit beim Schockfrosten: von +90 °C auf -18°C in etwa 30–90 Minuten.

Gefriergeschwindigkeit beim normalen Gefrieren: von +90 °C auf -18 °C in etwa 24–48 Stunden.

VOM TIER ZUM FLEISCH

DER KUGELSCHUSS | AUF DER WEIDE

LEA TRAMPENAU

BETÄUBUNG, TÖTUNG UND SCHLACHTUNG

EINFÜHRUNG

Aus Sicht der Landwirtschaft ist längst bekannt, dass nicht nur die Genetik und die Fütterung, sondern auch die Haltung und Tötung der Tiere einen entscheidenden Einfluss auf die Schlachtkörperqualität und damit auf die Qualität des Fleisches hat.
Dennoch wird der Tötungsprozess häufig vernachlässigt. Zum einen, weil kaum jemand, der ein Stück Fleisch isst, Details über das Töten erfahren möchte und zum anderen, weil das Töten zumeist hinter verschlossenen Türen von Schlachtkonzernen stattfindet. Nicht ohne Grund: Es ist kein schönes Geschäft.

HERKÖMMLICHE SCHLACHTUNG

Bei der herkömmlichen Schlachtung wird eine Gruppe von Tieren, oder aber einzelne Tiere, aus der Herde herausgenommen, verladen, zum Schlachtbetrieb transportiert und dem entsprechenden Betäubungsverfahren zugeführt. Die EU-Verordnung über den Schutz von Tieren zum Zeitpunkt der Tötung besagt in Artikel 4: „Tiere werden nur nach einer Betäubung im Einklang mit den Verfahren und den speziellen Anforderungen in Bezug auf die Anwendung dieser Verfahren gemäß Anhang I getötet. Die Wahrnehmungs- und Empfindungslosigkeit muss bis zum Tod des Tieres anhalten". Das bedeutet, dass in der Regel – von Ausnahmen mit entsprechenden Genehmigungen abgesehen – die Tiere vor der Tötung durch Blutentzug betäubt werden, entsprechend dem zulässigen Betäubungsverfahren je Tierart.
Geflügel wird, wie auch Schweine, in kleineren Schlachtbetrieben, in der Regel elektrisch betäubt (Geflügel im Tauchbad, Schweine mit der Elektrozange). In großen Schlachtbetrieben ist bei Schweinen die CO_2-Betäubung üblich. Dabei fahren die Schweine in kleinen Gruppen in sogenannten „Gondeln" in die CO_2-Kammer. Nach definierter Zeitvorgabe (bei Schweinen mindestens 100 Sekunden in definierter Kohlendioxidkonzentration) fahren sie wieder hoch, um anschließend durch Blutentzug getötet zu werden. In größeren Schlachtbetrieben werden mehr als 1500 Schweine pro Stunde auf einer Schlachtlinie getötet, die zuständige Person hat demnach etwa zwei Sekunden Zeit, den Stich zur Tötung durch Blutentzug durchzuführen. Zwei Sekunden pro Tier sind sehr wenig, insofern kommt es immer wieder vor, dass Schweine lebend in die Brühanlage gelangen.
Rinder werden in der Regel durch den Bolzenschuss betäubt. Ansatzpunkt für den Bolzenschuss ist zwei Zentimeter über dem Kreuzungspunkt der gedachten Linien zwischen Augen und Hörnern. Der Bolzenschussapparat muss dabei mit Druck und im rechten Winkel auf die Schädelplatte aufgesetzt werden, damit der Bolzen, der in der Regel nur eine Länge von acht Zentimetern hat, optimal in den Schädel eindringen kann, um das Gehirn entsprechend zu schädigen. Um den Bolzenschuss anwenden zu können, müssen die Rinder einer Betäubungsbox zugeführt und am Kopf fixiert werden.
Die Betäubung ist nach der EU-Tierschutz-Schlachtverordnung wie folgt definiert: „Betäubung [ist] jedes bewusst eingesetzte Verfahren, das ein Tier ohne Schmerzen in eine Wahrnehmungs- und Empfindungslosigkeit versetzt, einschließlich jedes Verfahrens, dass zum sofortigen Tod führt". Weiter heißt es: „Bei der Tötung und damit zusammenhängenden Tätigkeiten werden die Tiere von jedem Schmerz, Stress und vermeidbaren Leiden verschont". Die nationale Verordnung, die der Umsetzung der EU-Verordnung dient, besagt, dass „Tiere so zu betreuen, ruhigzustellen, zu betäuben, zu schlachten oder zu töten [sind], dass bei ihnen nicht mehr als unvermeidbare Aufregung oder Schäden verursacht werden".
Die Realität jedoch ist weit entfernt von diesen Vorgaben. Die letzte Phase des häufig kurzen Lebens der Tiere ist von Stress und Furcht geprägt: Die Trennung von der Herde und dem vertrauten Umfeld, der Weg zum Schlachter und das Warten in den Warteställen unter Futterentzug, das Eintreiben und Fixieren in der Tötungsfalle. Das alles lässt sich unter folgendem Begriff zusammenfassen: prämortale Belastungszustände.
Anzumerken sei an dieser Stelle, dass auch die Tiere von ökologisch wirtschaftenden Betrieben derselben Schlachtprozedur ausgesetzt sind, wie ihre Artgenossen von konventionell wirtschaftenden Betrieben.

ALTERNATIVEN ZUR HERKÖMMLICHEN SCHLACHTUNG

DIE SCHLACHTUNG IM HALTUNGSBETRIEB

Natürlich haben sich kleine Landschlachtereien gehalten, in denen keine Massentötungen von Tieren stattfinden, sondern jeweils nur einige wenige Tiere von Landwirten aus der Nachbarschaft getötet werden. Dennoch bleiben prämortale Belastungszustände in der Regel nicht aus. Um diese zu minimieren, können Landwirte ihre Tiere im Haltungsbetrieb durch den Metzger betäuben und töten lassen. Notwendig dafür ist eine Genehmigung durch die zuständige Veterinärbehörde und ein entsprechend ausgerüstetes Fahrzeug, welches den hygienisch einwandfreien Transport des getöteten Tieres zum Schlachtbetrieb und zur weiteren Bearbeitung gewährleistet.

DER KUGELSCHUSS AUF DER WEIDE

Der Kugelschuss auf der Weide, die Schussabgabe mit dem Gewehr, darf mit entsprechender Genehmigung zur Betäubung und Tötung von Rindern, die ganzjährig im Freien leben, angewandt werden. Die Rinder sind keinen prämortalen Belastungszuständen ausgesetzt, sondern werden im vertrauten Umfeld, im Herdenverband ohne Anwendung von Zwangsmaßnahmen, ohne Fixierung, betäubt und getötet. Das erfordert für den Schützen ein hohes Maß an Verantwortungsbewusstsein. Die Beweggründe zur Wahl des Verfahrens sind geprägt von einem hohen ethischen Anspruch, von Respekt vor dem Tier und dem Wunsch, den Tieren jegliches Leid, Schmerz und Angst in den letzten Stunden ihres Lebens zu ersparen.

Die Anwendung des Verfahrens ist von einer Vielzahl von Rechtsvorschriften betroffen und die Erlangung einer Genehmigung wird durch unbestimmte Rechtsbegriffe erschwert. Diese können je nach Ermessen der zuständigen Behörden ausgelegt werden. Dabei steht die EU-Hygieneverordnung, nach der nur lebende Schlachttiere in die Schlachtanlage verbracht werden dürfen, mit der EU-Tierschutzschlachtverordnung (die den Schuss mit einer Feuerwaffe für alle Arten zulässt) im direkten Widerspruch. Hier stellt sich die Frage: Wie soll das auf der Weide getötete Rind lebend in den Schlachtbetrieb gelangen? In Deutschland, also auf nationaler Ebene (Tierschutzschlachtverordnung, TierSchlV), ist der Kugelschuss auf der Weide mit Genehmigung der zuständigen Behörde für Rinder aus ganzjähriger Freilandhaltung zulässig. Zudem besagt die Tier-LMHV – die Durchführungsbestimmung zur EU-Hygieneverordnung – , dass abweichend von den Vorgaben der EU-Hygieneverordnung, einzelne Huftiere der Gattung Rind, die im Haltungsbetrieb getötet wurden, in den Schlachtbetrieb verbracht werden dürfen. Die Formulierung lässt einigen Interpretationsspielraum offen: Bedeutet „einzelne Huftiere der Gattung Rind", dass nur gelegentlich ein einzelnes Tier, welches sich partout nicht einfangen lässt, auf der Weide getötet werden darf? Oder, dass pro Schlachtvorgang nur ein, nicht aber zwei Tiere getötet werden dürfen?

In der Praxis empfinden sich Landwirte, die eine Genehmigung bei der zuständigen Behörde beantragen, als abhängig vom Wohlwollen dieser. Sind deren Mitarbeiter offen für Neues und die Landwirte in der Lage, diplomatisch und überzeugend zu argumentieren, können sie Glück haben und eine Genehmigung erhalten. Ist das nicht der Fall, wird ihnen diese häufig verwehrt bleiben. Die Freiräume oder Ermessensspielräume, die die EU-Verordnung bewusst gewährt, damit individuell bewertet und entschieden werden kann, führen in der Praxis zur Verunsicherung der Entscheider. Sie sind Detailvorschriften gewohnt und finden sich häufig mit einem Freiraum überfordert, der Verantwortungsübernahme und intensive Auseinandersetzung mit der Thematik voraussetzt, um zu einer angemessenen Beurteilung zu gelangen.

Jene Landwirte, die den Kugelschuss als Betäubungs- und Tötungsverfahren anwenden oder anwenden wollen, haben eine Prozessqualität zum Ziel, die lückenlos ethisch vertretbar ist und hervorragende Schlachtkörper sowie Fleischqualität hervorbringt. Sie übernehmen die Verantwortung für ihre Tiere bis zur Tötung.

Im Normalfall übergibt der Landwirt die Tiere zur Schlachtung einer Spedition oder fährt sie selbst zum Schlachthof. In beiden Fällen muss die Verantwortung und auch die Kontrolle abgegeben werden, denn bei der Betäubung und Tötung darf in der Regel keine unbefugte Person dabei sein. Das Gefühl, das dem Landwirt bleibt, ist meist ein schlechtes: Was passiert mit meinem Rind, das ich liebevoll großgezogen habe? Wie wird es vom Schlachthofpersonal behandelt? Wie gelingt der Eintrieb in die Betäubungsfalle? Wird der Bolzenschuss vor der Tötung durch Blutentzug wirklich hinreichend sein, in Anbetracht dessen, dass mit vier bis sieben Prozent Fehlbetäubungen gerechnet werden muss?

Quälende Gedanken bleiben aus, wenn das Rind im vertrauten Herdenverband betäubt und getötet wird. Der Ablauf ist wie folgt: Der Landwirt/Jäger begibt sich mit entsprechender technischer Ausrüstung (Traktor oder PKW und Transportfahrzeug für den Tierkörper) ruhig und mit Zeit auf die Weide. Bisweilen füttern die Landwirte ihre Tiere mit ein bisschen Kraftfutter, Heu oder Äpfeln an.

Befindet sich das zu tötende Tier in der passenden Position (der Kugelfang muss sichergestellt sein), wird der Schuss im besten Fall aus einer sehr geringen Distanz, also bis maximal fünf Meter Entfernung, in die aborale Stirnhöhle, exakt zwei Zentimeter über dem Kreuzungspunkt zwischen Augen und Hörnern, abgegeben. Die Vitalzeichen, das heißt Lidreflexe, Cornealreflexe und Atmung, werden sofort überprüft, um sicherzugehen, dass das Tier hinreichend betäubt, im besten Fall getötet ist. Anschließend erfolgt die Tötung durch Blutentzug. Ist die Entblutung vollständig abgeschlossen, wird der Tierkörper verladen und zum Schlachtbetrieb verbracht, wo die weiteren Arbeiten, die Enthäutung, die Ausweidung und die Zerlegung durchgeführt werden.

Wie verhalten sich die Herdenmitglieder, wenn ein Rind inmitten des Herdenverbandes getötet wird? In der Regel schrecken sie durch den Knall bei Schussabgabe kurz auf und springen zur Seite, laufen vielleicht auch weg. Dann kommen sie wieder, schnuppern oder forkeln das getötete Rind, stupsen es an. Hatte es einen hohen Rang in der Herde, wird der Verlust beklagt. Was jedoch ausbleibt, ist jene Unruhe und Stress in der Herde, der fast immer dann auftritt, wenn Rinder mit Unruhe und enormem Kraft- und Zeitaufwand von der Herde getrennt und verladen werden müssen. Das getötet Tier sendet keine negativen Signale aus, die bei den Artgenossen stressauslösend wirken könnten, also kein vokalisieren, schwitzen, zittern oder koten.

Kritisch beurteilt werden in diesem Fall insbesondere zwei Aspekte (so auch in der herkömmlichen Schlachtung): Die Einhaltung der Hygiene und die Tierschutzrelevanz im Fall von Fehlschüssen.

Zur Sicherstellung der hygienischen Anforderungen sollte die Entblutung mit der Zwei-Messer-Technik durchgeführt werden: Der unreine Fellschnitt und der reine Schnitt zur Öffnung der Gefäße. Das Blut muss aufgefangen und ordnungsgemäß dem Schlachtbetrieb zugeführt werden. Für den Transport des Tierkörpers muss ein verschließbares, sauberes und leicht zu reinigendes Fahrzeug, zum Beispiel ein PKW-Anhänger, zur Verfügung stehen.

Fehlschüsse auf der Weide kommen gelegentlich vor, zum Beispiel dann, wenn ein Rind in Bruchteilen von Sekunden vor der Schussabgabe den Kopf bewegt oder eine Waffe nicht entsprechend eingeschossen ist. Doch Fehlschüsse passieren gleichermaßen im Schlachtbetrieb in der Betäubungsfalle, wenn der Bolzenschussapparat nicht hinreichend gewartet ist, das Ansetzen mit zu wenig Druck ausgeführt, die Schädelplatte zu dick ist oder eine falsche Kartusche ausgewählt wurde. In beiden Fällen gilt: so schnell als möglich nachschießen. Es gilt auch, dass ein Nachschuss je nach Schweregrad des Fehlschusses einfacher oder weniger einfach ist. Gemessen an der absoluten Zahl der Tiere, die im Schlachtbetrieb der Gefahr von Fehlschüssen ausgesetzt sind (im ersten Halbjahr 2013: 1.654.000 Rinder) (Destatis) und der Anzahl der Tiere, die durch Kugelschuss auf der Weide betäubt und getötet werden (Schätzung: 5000 bis 10.000 Rinder pro Jahr, im Halbjahr also 2500–5000), sollte die Diskussion um mögliche Fehlschüsse nicht überbewertet werden.

Die Gefahr von Fehlschüssen ist bei beiden Betäubungs- und Tötungsverfahren gegeben. Den prämortalen Belastungszuständen sind die Tiere jedoch nur bei der Schlachtung im Schlachtbetrieb ausgesetzt.

Dieser Aspekt trägt wesentlich dazu bei, dass der Tierschutz bei der Anwendung des Verfahrens Kugelschuss auf der Weide in besonderem Maße erfüllt ist.

FLEISCH

Mit dem Eintritt des Todes beginnt in der Muskulatur ein Ablauf chemischer, biochemischer, physikalischer und morphologischer Veränderungen. Das Muskelgewebe wandelt sich zu Fleisch.

EINFLUSSFAKTOREN AUF DIE FLEISCHQUALITÄT

Die „Schlachtkörperqualität" beschreibt die Beschaffenheit und Ausformung des Schlachtkörpers und seiner Teile, sie ist geprägt von Merkmalen wie Muskelanteil, Fettanteil, Gewebeanteil und chemische Zusammensetzung.

Beeinflusst wird die Schlachtkörperqualität von der Genetik, der Rasse, vom Geschlecht, von der Haltung und Fütterung der Tiere sowie vom Schlachtalter. Der „Fleischqualität" liegt die „Schlachtkörperqualität" zugrunde. Entscheidenden Einfluss auf die Fleischqualität haben zudem prä- und postmortale Prozesse: Die Schlachtung und die Fleischreifung.

Die prämortalen Einflussfaktoren umfassen das gesamte Handling der Tiere, die Trennung von der Herde, das Verladen, den Transport, das Entladen und die Zuführung zum entsprechenden Betäubungsverfahren, außerdem die Betäubung und Tötung selbst. Dabei ist ein achtsamer und professioneller Umgang mit den Tieren notwendig, der qualifizierte ethologische, also verhaltensbiologische, Grundkenntnisse voraussetzt. Zudem sollten die Führ- und Fixiereinrichtungen an das natürliche Verhalten und die Wahrnehmung der Tiere angepasst sein. Funktionstüchtige Geräte (Bolzenschussgerät und scharfe Messer) sowie die Wartung dieser sind zudem Voraussetzung zur Erzielung eines hohen Tierschutzstandards bei der Betäubung und Tötung.

Die postmortalen Einflüsse umfassen den Reifeprozess, die Hygiene, die Temperatur, die Luftfeuchte sowie die Zerlegung und die Qualität der Zuschnitte.

Zur Beurteilung der Fleischqualität werden definierte Parameter der Fleischbeschaffenheit herangezogen. Diese Parameter fassen die sensorischen (Genusswert), ernährungsphysiologischen (Nährwert), hygienisch-toxikologischen (Gesundheitswert) und verarbeitungstechnologischen (Gebrauchswert) Merkmale zusammen. Der Genusswert beinhaltet die Fleischfarbe, die Marmorierung, das Safthaltevermögen, die Zartheit, Geruch und nicht zuletzt das Aroma und den Geschmack, sozusagen all das, was der Verbraucher beim Verzehr eines Stückes Fleisch direkt wahrnehmen kann. Der Nährwert hängt von den Inhaltsstoffen ab, wie zum Beispiel Proteine, Fette, Mineralstoffe und Vitamine. Der Gesundheitswert umfasst den mikrobiellen Status und nicht erwünschte Stoffe wie zum Beispiel Tierarzneimittel. Der Gebrauchswert bezieht sich auf die Wasserbindung/Safthaltevermögen, die Konsistenz und Struktur des Fleisches und auf den Fettgehalt und Bindegewebsanteil, was insbesondere bei der Zweckbestimmung des Fleisches eine hohe Relevanz hat.

Werden alle Aspekte und Merkmale, die sich auf die Qualität des Fleisches auswirken, berücksichtigt, kann auch von Prozessqualität gesprochen werden. Die Prozessqualität beinhaltet neben den herkömmlichen Merkmalen der Fleischqualität die Art und Weise der Erzeugung, tierschutzrelevante und nicht zuletzt ethische Aspekte. Durch ein sich änderndes Verbraucherbewusstsein rückt die Prozessqualität zunehmend in den Fokus, so wird das Stück Fleisch nicht mehr allein nach den Parametern der Fleischbeschaffenheit beurteilt, sondern das Wissen um die Herkunft und den Erzeugungsprozess beeinflusst den Genusswert.

ABWEICHUNGEN DER FLEISCHQUALITÄT

Metzger und Köche kennen das: Das Stück Rindfleisch muffelt, ist dunkel, leimig und fest. Klassisches DFD-Fleisch (dark - dunkel, firm - fest und dry - trocken). Oder das Gegenteil beim Schweinefleisch: PSE (pale - blass, soft - weich und exudative - wässrig) – das Stück Fleisch schrumpft in der Pfanne und Wasser tritt aus. Die Entstehung von PSE- und insbesondere von DFD-Fleisch ist auf prämortale Belastungszustände zurückzuführen.

Die postmortalen (nach dem Tod) Prozesse in der Muskulatur werden in eine frühe und eine späte postmortale Phase eingeteilt (Quelle: Beutling, M. 2004). Die frühe postmortale Phase ist mit Einsetzen der Totenstarre abgeschlossen, die späte postmortale Phase ist die eigentliche Fleischreifung. Die frühe postmortale Phase ist gekennzeichnet durch den Ablauf der Glykogenolyse.

Die Muskelenergie wird durch den Abbau von Nahrungsstoffen bereitgestellt. Hierzu dient vornehmlich das im Muskel bereitgestellte Glykogen.

Bei Rindern, die prämortalen Belastungen ausgesetzt sind, wie zum Beispiel Stress, Rangkämpfe beim Transport oder in den Warteställen am Schlachthof, oder aber unter Futterentzug, „Nüchterung", leiden (Nüchterung bedeutet, dass die Tiere vor der Schlachtung über einen definierten Zeitraum (12–24 Stunden) kein Futter mehr bekommen, um den Darm leer zu halten), ist das Muskelglykogen bereits vor der Tötung verbraucht.

Demnach steht dem Prozess der Fleischreifung nach der Tötung kein oder zu wenig Glykogen zur Verfügung, was zur Folge hat, dass zu wenig Milchsäure entsteht und die pH-Wert-Senkung (optimaler pH-Wert nach 24 Stunden: 5,4-5,5) und damit die notwendige Säuerung des Fleisches ausbleibt. Die Säuerung dient nicht nur der Haltbarkeit, sondern hat einen großen Einfluss auf die Zartheit des Fleisches.

Beim Schwein hingegen findet eine überstürzte Glykogenolyse statt, das bedeutet, dass bereits wenige Minuten post mortem (nach dem Tod) der gesamte Zellstoffwechsel anaerob (ohne Sauerstoff) abläuft und die dabei entstandene Milchsäure zu einem massiven pH-Wert Abfall führt. Das hat zur Folge, dass neben einer frühzeitigen Proteindenaturierung die Membranstrukturen des Muskels aufgelöst werden und Zellwasser austritt.

Die sichere Ermittlung von PSE- und DFD-Fleisch ist demnach die pH-Wert-Messung. Beim Schwein tritt die Totenstarre im Fall von PSE deutlich früher ein, ein Parameter, der einfach zu erkennen und zu bestimmen ist. DFD-Fleisch ist abgesehen von der pH-Wert-Messung nicht immer sofort erkennbar, es bewegt sich auf einer Skala von wenig bis stark dunkel, fest und trocken. In wissenschaftlichen Untersuchungen konnte durch die bewusste Auslösung von prämortalen Belastungszuständen reproduzierbar DFD-Fleisch erzeugt werden (Warris et al. 1984).

Um also ein wirklich gutes Stück Fleisch zu erzeugen, zu veredeln und zu essen, gilt es, die Prozessqualität im Fokus zu haben, den Tieren ein gutes Leben zuzugestehen, die Betäubung und Tötung ohne Stress und Angst durchzuführen und die Reifungsprozesse optimal zu gestalten und damit die Qualität des Fleisches zu erhalten.

Quellen

http://www.swr.de/odysso/-/id%3D1046894/nid%3D1046894/did%3D6445984/qu5ygw/index.html

https://www.destatis.de/DE/ZahlenFakten/Wirtschaftsbereiche/LandForstwirtschaftFischerei/TiereundtierischeErzeugung/MethodischesSchlachtungen.html [abgerufen am 15.11.2013]

WARRISS, P.D.; KESTIN, S.C.; BROWN S.N.; WILKINS L.J. (1984): The time required for recovery from mixing stress in young bulls and the prevention of dark cutting beef. Meat Science 10, Vol. 1, 53-68.

BEUTLING, D. HRSG. (2004): Lehrbuch der Schlachttier- und Fleischuntersuchung. Parey Verlag. S. 113

HALAL FOOD
OPEN
Chicken over Rice
with Soda
$6.00
Special
Chicken over Rice
w/Soda
5.00
OPEN
Special
5.00
Gyro
Halal
Hot Dog
Hot Sausage
CHEESEBURGER
HALAL FOOD
Jumbo beef frank 2.00
Hot Sausage 2.25
Italian Sausage 4.00
Sandwiches
CHEESEBURGER

SCHLACHTUNG | KOSCHER UND HALAL

DIE JÜDISCHEN SPEISEGESETZE

Das Wort „koscher" ist hebräisch und bedeutet „rein, unbedenklich". Es bezeichnet Lebensmittel, die laut den religiösen Bestimmungen verzehrt werden dürfen.

Als unbedenklich zum Verzehr werden nach den Speisegesetzen die Produkte folgender Tiere bezeichnet: Alle Landsäugetiere, die gespaltene Hufe haben und Wiederkäuer sind. Dazu gehören Rinder, Schafe, Ziegen und Rehwild. Schweinefleisch ist nicht koscher, da Schweine zwar gespaltene Hufe haben, jedoch keine Wiederkäuer sind.

Darüber hinaus ist es erlaubt, alle Hausvögel, also Hühner, Enten, Truthähne, Gänse und Tauben, solange sie koscher geschlachtet wurden (siehe „Schächten"), zu verzehren. Fische, die sowohl Flossen als auch Schuppen besitzen, gelten ebenfalls als koscher. Nicht erlaubt sind z. B. Wale, Aale und alle Schalentiere.

DAS SCHÄCHTEN

Da das Blut von Tieren als „trejfe", also unrein, gilt, müssen diese so geschlachtet werden, dass dabei möglichst das komplette Blut aus ihrem Körper entfernt wird. Beim Schächten legt man das Tier zunächst hin. Ein speziell ausgebildeter Schlachter durchtrennt dann mit einem sehr scharfen Messer durch einen schnellen Schnitt die Halsschlagader. Anschließend wird das Tier so aufgehängt, dass das komplette Blut abfließen kann. Das Tier darf vor dem Schnitt durch die Kehle nicht betäubt werden, da es nach strenger jüdischer Auffassung durch die Betäubung verletzt und das Fleisch dadurch zum Verzehr unbrauchbar wird.

Da das Tier vor dem tödlichen Schnitt nicht betäubt wird, ist das Schächten ohne Betäubung in der Bundesrepublik Deutschland grundsätzlich verboten. Eine Ausnahme wird nur dann gemacht, wenn derjenige, der schächten möchte, in einem Genehmigungsverfahren nachweisen kann, dass ihm das Schächten aus religiösen Gründen zwingend vorgeschrieben ist. Er muss zudem die Auflagen der Veterinärbehörde erfüllen. Keinesfalls dürfen Juden oder Muslime in Deutschland grundsätzlich schächten. Jedoch gelten selbst bei einem koscheren Tier nicht alle seine Teile als koscher.

Nach der Schlachtung eines Rindes wird der Schlachtkörper der Länge nach halbiert und dann ab der sechsten Rippe geteilt. Der vordere Teil darf verzehrt werden, die hinteren Viertel des Tieres gelten als unrein und sind daher nur für die nichtjüdische Bevölkerung bestimmt. Das falsche Filet, das aus der Schulter geschnitten wird, wurde deshalb früher als „Judenfilet" bezeichnet. Das hat nichts mit Antisemitismus zu tun, sondern ist der Tatsache geschuldet, dass das richtige Filet im hinteren Viertel sitzt, und deshalb von Juden nicht verzehrt werden darf.

Da die Leber viel Blut enthält, das nicht verzehrt werden darf, muss sie erst durch eine spezielle Zubereitung koscher gemacht werden. Dafür wird das Fleisch auf einem Spieß oder Bratenrost so lange gegart, bis es fast durchgebraten ist. Dabei läuft das Blut ab und die Leber wird koscher. Anschließend kann das Fleisch problemlos weiterverarbeitet werden.

HALAL UND HARAM, DIE SPEISEGESETZE IM ISLAM

Der Begriff „halal" stammt aus dem Arabischen und bedeutet soviel wie „erlaubt". Damit werden nach islamischem Recht Nahrungsmittel bezeichnet, die verzehrt werden dürfen. Umgekehrt werden verbotene Speisen als „haram" bezeichnet.

Muslime dürfen alle Tiere außer den folgenden essen: Tiere, die sowohl im Wasser als auch auf dem Land leben (z. B. Frösche), Raubtiere mit Fangzähnen (z. B. Löwen), Raubvögel, Landtiere ohne Ohren (z. B. Schlangen), Gifttiere, Schädlinge, Schweine, Maultiere, Hunde, Affen, Ameisen, Bienen und Spechte. Außerdem ist Muslimen der Verzehr von Blut und Hoden verboten.

Ähnlich wie im Judentum, müssen alle Tiere nach bestimmten Vorgaben geschlachtet werden, damit das Fleisch das Prädikat „halal" bekommt. Die Tiere werden im Grunde genommen wie bei jüdischen Metzgern mit einem schnellen Schnitt durch die Kehle getötet und dann ausgeblutet. Der Schlachter muss natürlich ebenfalls speziell ausgebildet und ein Muslim sein. Bei der Schlachtung sollte das Tier in Gebetsrichtung, also gen Mekka, ausgerichtet werden und der Schlachter sollte unmittelbar vor der Tötung den Namen Allahs angerufen haben.

Der größte Unterschied zur jüdischen Schlachtung besteht allerdings darin, dass bei der islamischen Schlachtung die Möglichkeit besteht, das Tier kurzzeitig zu betäuben. Durch einen Stromstoß wird es für 25 Sekunden betäubt und in dieser Zeit durch den Kehlschnitt getötet. Ob durch diese Art der Schlachtung produziertes Fleisch als „halal" gelten kann, ist unter Muslimen nicht unumstritten. Auch werden viele Halal-Fleischprodukte durch betäubungsloses Schlachten produziert. Hier gilt genau wie bei der jüdischen Schlachtung, dass in Deutschland die Tiere nur mit einer Ausnahmegenehmigung ohne Betäubung getötet werden dürfen.

BEEF MARBLING STANDARD

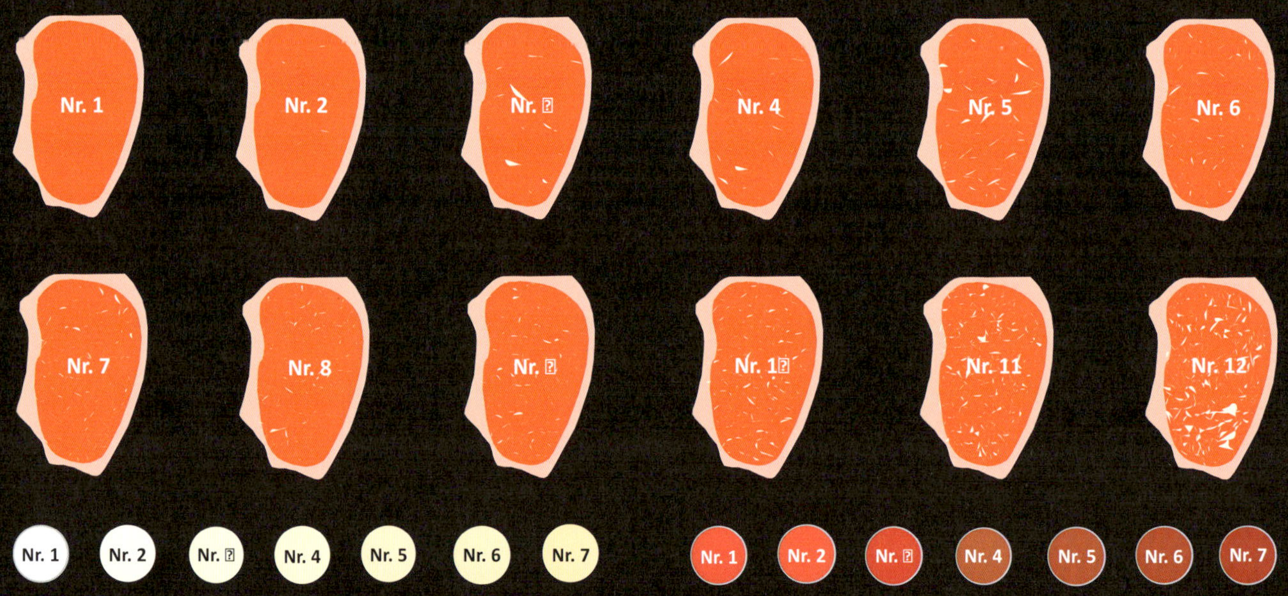

FLEISCHKLASSIFIZIERUNG

Unter der deutschen Klassifizierung von Rindfleisch versteht man die Beurteilung des Schlachtkörpers nach der Schlachtung nach verschiedenen Faktoren. Diese wird in den Schlachthöfen durch einen Experten vorgenommen. Hierbei wird unterschieden zwischen:

- Alter, Geschlecht und Kastration,
- Fleischigkeit und Fettklasse.

Speziell im amerikanischen und japanischen Klassifizierungstyp existiert ein weiteres Beurteilungssystem für die intramuskuläre Fetteinlagerung, besser bekannt als Marmorierung. Hierbei handelt es sich nicht um die Fettabdeckelung des Fleisches, sondern um den Anteil von intramuskulärem Fett. Es gilt, je fetter die Marmorierung, desto besser der Eigengeschmack (Fett dient als Geschmacksträger, das heißt, je mehr Fett eingelagert wurde, desto zarter ist die Qualität). Den Indikator hierfür bezeichnet man als BMS (Beef Marbling Standard). Außerdem wird anhand der Fett- und Fleischfarbe klassifiziert. Auch bei der Fettfarbe gibt es eine Skala. Hier gilt: Je weißer das Fett, desto besser und buttriger ist der Geschmack. Bei der Fleischfarbe gilt: Je kräftiger der Rotton, desto besser ist die Qualität!

Bei sehr exklusiven Rassen wie z. B. Wagyu-Rindern wird schon im Kalbesalter anhand eines DNA-Tests (Igenity bzw. Genestar-Test), der über die Haare ermittelt wird, das Fleisch auf genetisches Marbling und Tenderness (Marmorierung und Zartheit) untersucht.

Laut Verordnung der gesetzlichen Handelsklassen und Kategorien für Rinderschlachtkörper (RindHKlV) wird folgendermaßen unterschieden:

TIERKATEGORIE (ALTER, GESCHLECHT UND KASTRATION)

Kürzel	Kategorie	Kurzbeschreibung
A	Jungbulle	Ausgewachsene männliche, nicht kastrierte Tiere, jünger als zwei Jahre
B	Bulle	Ausgewachsene männliche, nicht kastrierte Tiere
C	Ochse	Ausgewachsene männliche, kastrierte Tiere
D	Kuh	Ausgewachsene weibliche Tiere, die bereits gekalbt haben
E	Färse	Ausgewachsene weibliche Tiere, die noch nicht gekalbt haben
V	Kalb	Kälber bis zu einem Alter von acht Monaten
Z	Jungrind	Tiere im Alter von acht bis zwölf Monaten

FLEISCHIGKEIT UND MUSKELFÜLLE

Fleischigkeitklasse (mit Untergruppen)		
E	vorzüglich	Alle Profile konvex bis superkonvex; außergewöhnliche Muskelfülle
U	sehr gut	Profile insgesamt konvex, sehr gute Muskelfülle
R	gut	Profile insgesamt geradlinig; gute Muskelfülle
O	mittel	Profile geradlinig bis konvex; durchschnittliche Muskelfülle
P	gering	Alle Profile konkav bis sehr konkav; geringe Muskelfülle

FETTKLASSEN (WIE STARK IST DER KÖRPER MIT FETT ABGEDECKT)

Fettklasse (mit Untergruppen)		
1	sehr gering	Keine bis sehr geringe Fettabdeckung
2	gering	Leichte Fettabdeckung; Muskulatur fast überall sichtbar
3	mittel	Muskulatur fast überall mit Fett abgedeckt (ohne Keule/Schulter); Brusthöhle mit leichten Fettansätzen
4	stark	Muskulatur mit Fett abgedeckt, an Keule/Schulter teilweise sichtbar; Brusthöhle mit deutlichen Fettansätzen
5	sehr strark	Schlachtkörper ganz mit Fett abgedeckt; starke Fettansätze in der Brusthöhle

Quelle: www.fleischpruefring.de

FLEISCHETIKETTIERUNG

In Deutschland gilt seit 1998 das sogenannte Rindfleischetikettierungsgesetz. Metzgereien und Fleischhändler müssen dem Kunden anhand eines Stempels oder Etiketts, den Ursprung des Tieres nachweisen. Es verpflichtet dazu, auf den Etiketten oder Stempeln Angaben über den Ort der Geburt, der Mast, der Schlachtung und der Zerlegung zu machen.

Somit wird eine komplette Rückverfolgbarkeit des Schlachtkörpers ermöglicht. Auf dem Etikett sind folgende Informationen enthalten:

- Geboren, gemästet, geschlachtet. (Deutschland bzw. das entsprechende Land)
- Schlachtdatum und Schlachtgewicht
- Schlachthof- und Schlachthofnummer

Ungenießbares Fleisch bzw. ausselektiertes Fleisch:
Es gibt auch Qualitäten, die nicht mehr zugelassen werden. Bei diesem Fleisch spricht man von DFD-Fleisch (dark-firm-dry, dunkel-fest-trocken), welches für den Frischverzehr nicht mehr geeignet ist.

Wie dies entsteht wird auf Seite 243 ausführlich erklärt.

AKTUELLE FLEISCHETIKETTIERUNG

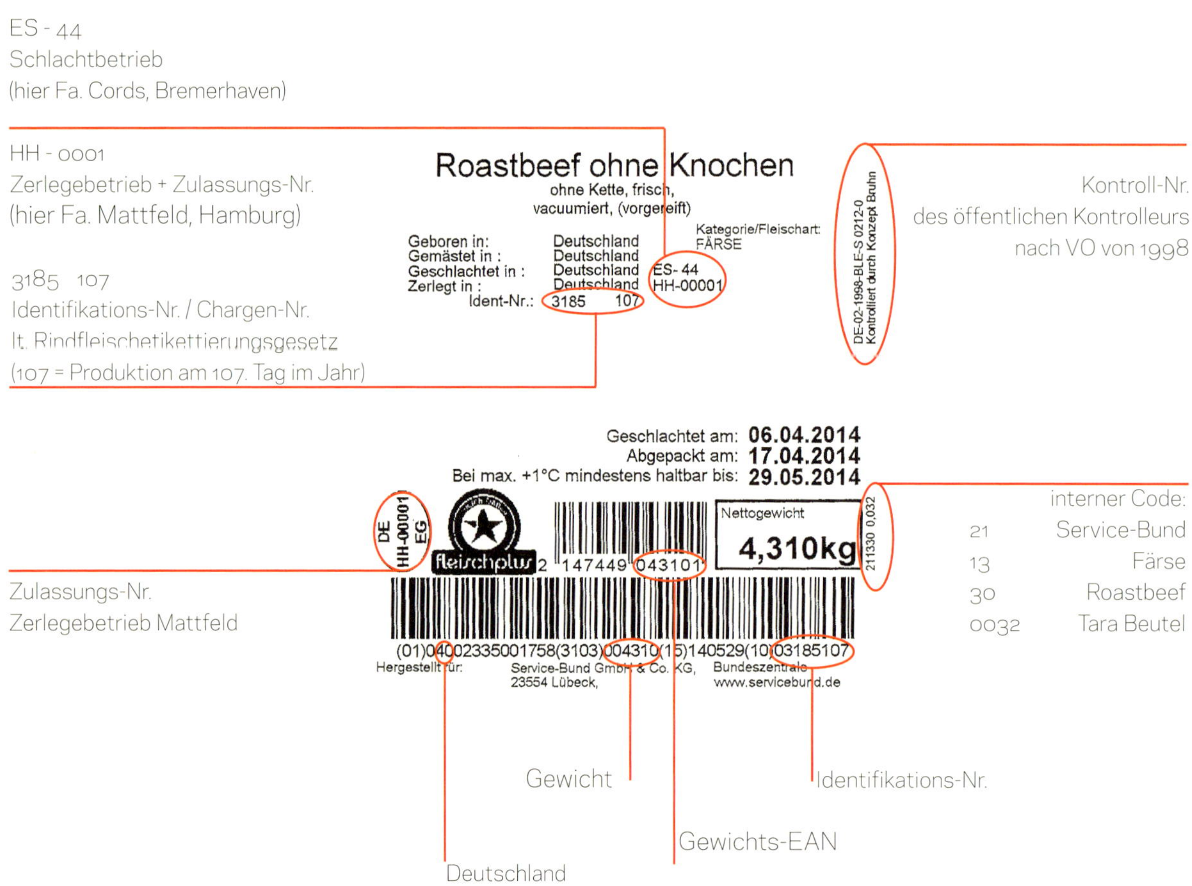

FLEISCHREIFUNG

Die Fleischreifung bezeichnet das kontrollierte Lagern des Schlachtkörpers nach der Tötung des Tieres. Das ist notwendig, da unmittelbar nach der Schlachtung zubereitetes Fleisch eine zähe Konsistenz und nur wenig Eigengeschmack besitzt.

Wie bei jedem Lebewesen setzt auch beim Rind oder Schwein nach dem Tod die Totenstarre (Rigor mortis) ein. Das Muskelgewebe kann nicht mehr mit Blut und damit auch nicht mehr mit Sauerstoff versorgt werden. Der Stoffwechsel im Muskel läuft jedoch auch ohne Sauerstoffversorgung weiter und das im Muskel gespeicherte Glycogen wird dabei zu Milchsäure (Lactat) abgebaut. Dabei wird Energie in Form von Adenosintriphosphat (ATP) gebildet, das für eine Entspannung des Muskels sorgt. Ist der Vorrat an Glycogen jedoch aufgebraucht, kann der Muskel nicht mehr entspannt werden und bleibt starr. Durch die Bildung von Milchsäure sinkt der pH-Wert des Fleisches von 7 unmittelbar nach der Schlachtung auf nun unter 5,8. Der Abbau von Glycogen und die Versteifung der Muskeln wird gemeinhin als die erste Phase der Fleischreifung bezeichnet.

In der zweiten Phase beginnt nun die eigentliche Reifung des Fleisches. Nach einer bestimmten Zeit, die je nach Tier unterschiedlich lange ausfällt, lösen sich die starren Muskeln und werden wieder weich. Bei Rindfleisch beginnt dieser Prozess 36–40 Stunden nach dem Tod des Tieres, bei anderen Tierarten ist er bedeutend kürzer. Schweinefleisch zum Beispiel hat bereits nach 6–8 Stunden die erste Phase beendet. Der Anstieg der Milchsäurekonzentration im Fleisch hat dreierlei Auswirkungen: Erstens führt er zur Aktivierung von Enzymen (zum Beispiel Cathepsin und Calpain), die eine Auflösung der Muskelfaserstrukturen bewirken. Diese sind dafür verantwortlich, dass das Fleisch wieder zart wird. Zweitens bewirkt die Säuerung des Fleisches, dass unerwünschte Bakterien, die das Fleisch verderben könnten, am Wachstum gehemmt werden. Und drittens entstehen durch die Tätigkeit der Enzyme wiederum freie Aminosäuren, die das Fleisch aromatisieren.

Je nach Art des Fleisches und des angewendeten Reifungsverfahrens, dauert es unterschiedlich lange, bis man das Fleisch genießen kann. Generell gilt:

- ▶ rotes Fleisch reift langsamer als weißes Fleisch
- ▶ ältere Tiere benötigen länger für die Reifung als jüngere Tiere
- ▶ je kleiner das Tier, desto schneller die Reifung
- ▶ gereiftes Fleisch (dry & wet) ist in der Regel saftiger als Frischfleisch

Schweinefleisch wird in der Regel nicht gereift, da es in den meisten Fällen durchgebraten und nicht wie Rindfleisch rosa serviert wird. Außerdem wird es noch in der Woche der Schlachtung weiterverarbeitet. Lämmer und Schafe werden in der Regel in einem Stück eine Woche am Knochen gereift.

Wild wird in der Regel waidmännisch in der Decke, also im Fell- oder im Federkleid, mit dem Kopf nach unten in separaten Reifezellen bzw. Kühlhäusern gereift (siehe auch Haut-gout-Reifung Seite 251). Beim Rindfleisch hat sich ein regelrechter Reifungsboom entwickelt. Hier gibt es verschiedene Arten, auf die im Folgenden näher eingegangen wird. Der Fachhandel bietet mittlerweile spezielle Reifekühlschränke und auch Reifebeutel, sogenannte Drybags an, in denen man sein Fleisch individuell reifen kann.

Je nach Fleischreifungsart wird der Reifeprozess nun am Knochen hängend, in einer Vakuumverpackung eingeschweißt oder in Mineralwasser eingelegt fortgesetzt:

NASSREIFUNG (WET-AGING)

Beim Wet-Aging (anerobe Reifung) handelt es sich um die sogenannte Nassreifung. Hierfür werden die Viertel meist 3–7 Tage am Knochen vorgereift. Danach werden sie in die einzelnen Muskelpartien zerlegt und in Polyamid- bzw. Polyethylenbeuteln vakuumiert.

Durch die Reifung im eigenen Saft bzw. dem „sauren Milieu" der Milchsäurebakterien ist der Geschmack von nass gereiftem Fleisch meist säuerlich und metallisch. Zähere Stücke werden durch dieses Verfahren zarter gemacht. Die Nassreifung ist die heute am häufigsten verwendete Methode.

Dies liegt zum einen daran, dass die Fleischstücke durch die Plastikbeutel vor Keimen geschützt sind, was die hygienische Sicherheit erhöht. Zum anderen hat dies vor allem auch wirtschaftliche Gründe. Denn das eingeschweißte Fleisch verliert keine Flüssigkeit und damit auch kaum an Gewicht. Ganz im Gegensatz zur jahrhundertealten Methode des Dry-Aging.

TROCKENREIFUNG (DRY-AGING)

Die Trockenreifung war bis in die 70er-Jahre des 20. Jahrhunderts die vorherrschende Art der Fleischreifung. Dabei wird das Fleisch in einer Kühlkammer aufgehängt und unverpackt gereift. Oft werden ganze Teilstücke „am Knochen" gereift.Die Fleischreifung beim Rind sollte mindestens 18, am besten aber 30–45 Tage dauern und bei einer Temperatur von 2–5 °C sowie einer Luftfeuchtigkeit von 80–85 % stattfinden.

TROCKENREIFUNG (DRY-AGING)

Das Fleisch verliert dabei Flüssigkeit und bekommt eine trockene „Rinde". Diese braunen, angetrockneten Endstücke müssen später pariert bzw. getrimmt werden. Bis das Fleisch dann zubereitet werden kann, hat es bis zu 40 % seines ursprünglichen Gewichtes verloren. Dies erklärt, warum trockengereifte Fleischstücke im Handel wesentlich teurer sind als die herkömmlichen, nassgereiften. Durch die Verdunstung des im Fleisch eingelagerten Wassers bekommt das Dry-Aged-Beef einen intensiveren, aromatischeren Geschmack.

WORAUF BEIM DRY-AGING GENAU ZU ACHTEN IST, ERKLÄRT HENDRIK MAAS, PIONIER DER TROCKENREIFUNG:

Die Reifezelle ist zum Reifen von Rindfleisch da und sollte ausschließlich dafür genutzt werden. Sie ist kein Sammelkühlhaus für andere Lebensmittel. Denn schon wenige Pappverpackungen würden die Hygiene in der Reifezelle negativ beeinflussen. Da die Pappe sehr viel Feuchtigkeit aufnehmen kann, dient sie oft als Speicher für Bakterien und gibt diese Keime auch an die Umwelt ab.

In der ersten Woche sollte das Fleisch, in den meisten Fällen Rückenstränge mit Knochen und Filet, nach Möglichkeit hängend gelagert werden und zwar mit dem Filet nach unten. So sind die Kapillare der Knochen nach unten ausgerichtet und der Knochen trocknet schnell an, ohne dass die Gefahr von Verderb besteht. Die Rücken können bis zum Ende ihrer Reifezeit hängend gelagert werden, aus Platzgründen ist es aber oft nicht anders möglich, als sie nach dem Antrocknen in Regalen zu lagern.

Egal für welche Form man sich entscheidet, stets gilt, die Luftzirkulation in der Reifezelle kann nicht stark genug sein. Die Umluft der Kühlaggregate reicht in den meisten Fällen nicht aus. Optimal sind mehrere strategisch angeordnete Lüfter, die im Kreislauf für einen umwälzenden Luftstrom sorgen.

Die Temperatur sollte knapp über dem Gefrierpunkt liegen, je wärmer, desto schneller reift das Fleisch. Bei niedrigen Temperaturen um 2 °C ist es auch möglich, das Rindfleisch bis zu 3 Monate zu reifen, ohne dass es verdirbt. Wenn diese beiden Parameter stimmen, sollte man noch auf die Beleuchtung achten. Das vom Tageslicht oder Neonröhren stammende UV-Licht bewirkt, ähnlich wie bei einer Kartoffel, das Auskeimen. Im Fall der Rinderrücken bedeutet dies, dass sich ein Edelschimmel ausbreiten würde.

In den Vereinigten Staaten ist das so selbstverständlich wie in Frankreich der Schimmel auf dem Käse. In Deutschland jedoch tut man gut daran, die Reifung ohne Schimmel zu bewältigen. Grundsätzlich sollte man aber nicht in Panik ausbrechen, wenn es doch einmal zu leichter Schimmelbildung kommt. Mikrobiologische Untersuchungen haben bestätigt, dass dieser Schimmel gesundheitlich völlig unbedenklich ist. Trotz alledem sollte dies kein Freifahrtschein sein. Jeder der eine Trockenreifung betreibt, sollte hin und wieder eine Stichprobe mikrobiologisch untersuchen lassen. Außerdem sollte er sich diese Untersuchung erklären lassen, um sicherzugehen, dass das Fleisch unbedenklich zu genießen ist.

SCHIMMELREIFUNG

Vor allen in den USA ist die Schimmelreifung weit verbreitet. Bei extrem hoher Luftfeuchtigkeit von 85 % und mehr werden die Teile bei 2–4 °C bis zu 4 Wochen gereift. Der dadurch entstehende Schimmel ist, ähnlich wie bei Salami oder Käse, nicht giftig, er gibt Geschmack ab. Vor dem Verkauf und der Zubereitung wird er abgeschnitten bzw. getrimmt.

TENDERY-AGING

Dieses System wurde in den 1930er-Jahren von der Firma Westinghouse erfunden. Man wollte die Reifung beschleunigen, indem man die schädlichen Bakterien mithilfe von ultravioletten Strahlen und einer Temperatur bis zu 27 °C abtötet. Dieses Verfahren hat sich nicht durchgesetzt und ist heute nicht mehr geläufig.

TALGREIFUNG (FAT-AGING)

Die sogenannte Talgreifung beschreibt die Reifung im Eigenfett und wurde schon früh angewandt, um Lebensmittel länger haltbar zu machen. Früher wurde Fleisch in Fässern mit Talg „eingelassen", um es vor Sauerstoff und Bakterien zu schützen.

Daraus entwickelte sich die Fassreifung bzw. das Barrel-Aging. Meist wird ausgelassenes Nierenfett von Rindern benutzt. Bei der sogenannten „Fatbrushing"-Methode wird das flüssige Fett mithilfe einer Spritzpistole auf den auf 1°C kühlen Schlachtkörper gespritzt und so eine natürliche und aromatische Reifehülle erzeugt. Durch die Konservierung im Fett wird das Fleisch vor Bakterien geschützt, zudem saugt es auch einen Teil des austretenden Fleischsaftes auf. Wichtig ist, dass die Talgschicht durchgängig und ohne Risse ist, das Fleisch also vollständig vor Keimen geschützt wird. Das Fett aus der Talghülle wird auch gerne zum Braten verwendet.

HAUTGOUT-REIFUNG

Als „Hautgout" bezeichnet man einen kernigen bis bereits leicht nach Verwesung riechenden Wildgeschmack, der durch überlanges Reifen meist bei zu warmen Temperaturen und im Fell, Federkleid bzw. der Decke entsteht. Das Fleischeiweiß zersetzt sich und bewirkt so den eintretenden Fäulnisprozess. Heute ist der „Hautgout" aufgrund der strengen Lebensmittelvorschriften so gut wie verschwunden. Früher wurde versucht, den fauligen Geschmack mit Essig-, Wein- oder Buttermilch-Beizen zu vermindern. Typisch für diese Art der Reifung waren vor allem Wild und Wildgeflügel, das mit dem Kopf nach unten abgehangen wurde.

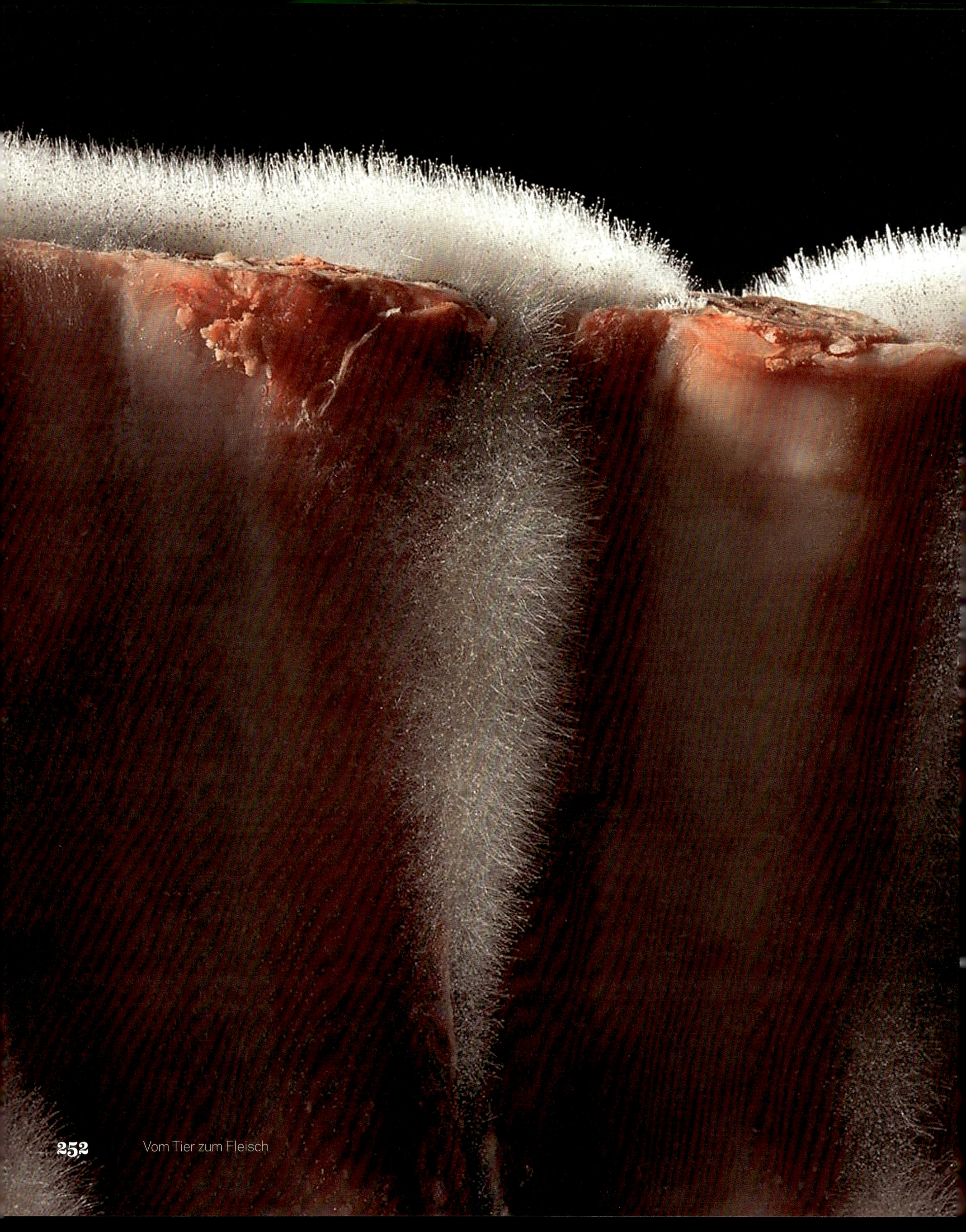

PILZREIFUNG VON RIND- UND SCHWEINEFLEISCH NACH DER LUMA-METHODE

Der Reifungsprozess des Luma-Beef oder Luma-Pork der Schweizer Firma Luma (ausschließlich für den Schweizer Markt) lässt sich am besten als Symbiose aus traditioneller Knochenreifung und modernster Biotechnologie beschreiben. Das Fleisch zeichnet sich durch eine besondere Zartheit und einen nussigen Geschmack aus.

Zuerst werden die Schweine und Rinder nach strengen Kriterien ausgewählt. Denn eine artgerechte Haltung, das Alter, das Geschlecht, die Fleischigkeit und die interzelluläre Fettstruktur der Tiere sind entscheidend für ein optimales Resultat.

Die Schlachtkörper werden 48 Stunden nach dem Schlachten zur Impfung mit einem Edelschimmel in sogenannte Reiferäume gebracht. Durch diesen Vorgang erreicht das Fleisch einen optimalen pH-Wert für das Wachstum der Pilzsporen. Der verwendete Edelschimmel ist natürlichen Ursprungs und wird im Labor unter Reinstbedingungen gezüchtet und in eine stabile Form gebracht. Diese Zellsuspension wird nun mittels eines speziellen Luftdrucksprühgerätes auf die Oberfläche der Schlachtkörper aufgetragen.

Im idealen Klima des Reiferaumes bildet sich nach nur einer Woche der Fruchtkörper, also der sichtbare Teil des Pilzes. Durch die Impfmethode kann der Edelschimmel flächendeckend auf dem Fleisch kultiviert werden, wobei er schädliche unerwünschte Mikroorganismen auf dem Fleisch verdrängt. Das Verfahren ist somit aus hygienischer Sicht sicherer als die Trockenreifung am Knochen.

Das Fleisch reift bei 90 % relativer Luftfeuchtigkeit und einer Temperatur von 0–4 °C 49 Tage lang, wobei die einzelnen Parameter konstant gemessen, dokumentiert und geregelt werden. Die gereiften Fleischteile werden nach Ende der Reifezeit von den mit Schimmel befallenen Oberflächen befreit und vor dem Verkauf vakuumiert.

PERGAMENTREIFUNG

Bei der Pergamentmethode werden meist größere Fleischstücke am Knochen gereift. Das Fleisch wird in mehrere Lagen Pergamentersatzpapier eingepackt und danach mit Druck vakuumiert. Durch die schützende Pergamentschicht ist der Beutel vor den scharfen Knochen geschützt und das Pergament saugt die austretende Flüssigkeit und den Saft besser auf. Der sauere Fleischgeschmack wird besser unterdrückt.

BEUTELREIFUNG

Das Fleisch wird in die speziellen Membranbeutel gefüllt und verschweißt. Diese Beutel werden aus einer semipermeablen (halbdurchlässigen) Schicht hergestellt. Das bedeutet, dass das Fleisch durch die Folie vor schädlichen Umwelteinflüssen wie Keimen geschützt ist. Trotzdem lässt die spezielle Membranschicht das im Fleisch eingelagerte Wasser nach außen, sodass es verdunsten kann.

Das Fleisch wird anschließend in einem Kühlschrank bei 2–3 °C für mehrere Wochen gereift. Der Vorteil dieser Methode ist, dass das Fleisch in jedem Kühlschrank, der konstant eine Temperatur von 2–3 °C beibehält, reifen kann. Eine spezielle Reifekammer wie beim herkömmlichen Dry-Aging ist nicht notwendig. Das Fleisch erhält dennoch den intensiven Geschmack eines Dry-Aged-Beefs.

WASSERREIFUNG (AQUA-AGING)

Diese Methode wurde vom Metzgermeister und Fleischexperten Dirk Ludwig entwickelt. Dabei wird das Fleisch in Mineralwasser eingelegt und reift vier Wochen in einem speziellen weißen Plastikbehälter. Durch das Mineralwasser bleibt das Fleisch besonders saftig und zart, außerdem erhält es einen natürlichen mineralischen Geschmack. Im Gegensatz zur Wet-Aging-Methode nimmt es keine säuerliche Note durch die Milchsäurebakterien im eigenen Saft an.

Die Saftigkeit durch das Einlegen des Fleisches im natürlichen und ursprünglichen Medium Wasser bleibt voll erhalten. Allerdings ist das richtige Verhältnis von Wasser, Mineralien, Kohlensäure und Fleisch ganz entscheidend für ein optimales Ergebnis. Zur Aqua-Aging-Reifung eignen sich neben Rind auch Schwein, Lamm und Kalb.

HORN UND KNOCHEN

Hörner und Knochen von Tieren werden von den Menschen schon seit Jahrtausenden zu verschiedensten Gebrauchswerkzeugen verarbeitet oder dienten zur Zubereitung von Speisen. Heutzutage werden die meisten Knochen sowie das Mark von Tieren des Geschmacks wegen zu Saucen und Fonds verarbeitet. Aus Rinderhörnern fertigt man zahlreiche Produkte, unter anderem Kämme oder Messergriffe. In der biologischen Landwirtschaft, die auf Mineraldünger verzichtet, düngt man, wie vor Erfindung des Kunstdüngers, den Boden mit Hornmehl und Hornspänen.

Es ist dennoch das Ziel vieler Züchter, „genetisch hornlose" Rinderrassen zu züchten. Denn für viele Landwirte ist die Verletzungsgefahr, die von den Hörnern der Rinder gegenüber Artgenossen und Mitarbeitern ausgeht, zu hoch. Der industriellen Massentierhaltung sind die Hörner der Tiere ebenfalls ein Dorn im Auge. Es besteht die Gefahr, dass die Rinder in den industriellen Melkanlagen zum Beispiel an Gattern hängen bleiben und sich verletzen.

Deshalb werden 70–80 % der Milchkühe enthornt. Dabei werden die Hörner entweder vom Tierarzt abgesägt oder den Kälbern bereits kurz nach der Geburt die entsprechenden Stellen verödet.

Diese Praxis ist aus mehreren Gründen nicht unumstritten: Das Horn der Tiere besteht nicht wie die Fingernägel des Menschen aus abgestorbenem Gewebe. Ganz im Gegenteil, die Rinderhörner sind von feinen Adern und empfindsamen Nerven durchzogen. Aus diesem Grund bluten die Wunden, wenn erwachsenen Tieren die Hörner abgesägt werden. Außerdem spielen die Hörner der Rinder auch eine wichtige Rolle bei der Festlegung der Rangfolge in der Herde und ihrem Sozialverhalten. Durch die Position der Hörner signalisieren die Tiere ihren Artgenossen, ob diese sich nähern dürfen oder nicht.

Aus diesen Gründen ist in biologisch geführten Betrieben das Abbrennen von Hörnern beim lebendigen Tier sowie das Kupieren von Schwänzen verboten (siehe Abschnitt „Haltung und Fütterung" S. 26). Gegen eine Verwendung der Hörner nach dem Schlachten der Tiere ist im Gegensatz dazu absolut nichts einzuwenden.
Sie können zu Produkten wie dem unten abgebildeten Messergriff der Solinger Messermanufaktur Nesmuk aus edlem Wagyu-Horn verarbeitet werden. Es wäre deshalb schade, wenn es in Zukunft nur noch genetisch hornlose Rinderrassen gäbe.

DANKE

Meiner Frau Stephanie, für so viel Kraft, Ausdauer, Herzblut und Liebe!

Meinen Eltern Marianne und Josef Maurer für die gute Kinderstube, für mein schönes Leben und ihre immer gelebte Vorbildfunktion. Sie zeigten mir, dass man alles schaffen kann, wenn man es nur will und fleißig ist.

Meinem Bruder Sepp, der mich vielleicht nicht immer versteht aber trotzdem zu 100% hinter mir und meinen Projekten steht ! Thanks, brother!

Stefan Marquard (Papa Crazy) danke für alles und noch so viel mehr!

Meinen Wegbegleitern, Vorbildern und Freunden:
Wolfgang Müller, Frank Buchholz, Heiko Antoniewicz
Otto Koch, Wolfgang Otto, Karl Ludwig Schweisfurth

„Meinen Köchen", die mir bei der Realisierung dieses Buches sehr geholfen haben:
Michael Riedl, Sebastian Völkl, Andreas Schiessel

Dem ganzen MEATing-Point-Team!

Meinen guten Freunden und Kollegen:
Christoph Brand, Norbert „Muck" Attenberger, Wolfgang Laschtowitz, Heiko Schulz, Dirk Müller, Hans Pilz und Heinrich Mayerhofer, dem Experten für traditionelle Hausschlachtung.

Meinen Züchterfreunden:
Erwin Mauerer, Thomas Schindler, Sebastian Meier

Meinen Damen, für die es selbstverständlich ist, sich immer um mich zu kümmern:
Serpil Kesen, Christine Marquard, Karola Junker

Meinen Metzgern:
Thomas Prommersberger, Klaus Reisinger, Stefan Schiller
Josef Mauerer sen., Josef und Betina Späth

All den Firmen, die mich so tatkräftig unterstützen:
Kersten Hoppe von Cool Giants AG
Eva und Wolfgang Otto und das ganze Team von Otto Gourmet
Livius Schüssele von Julabo Fusion Chef
Urs von Kisag AG Switzerland
Alexander Tonn und Lars Scheidler von Nesmuk Solingen
Gerhard Daumüller vom Keltenhof
Christel Anna Brechtel von Rösle
…und natürlich der ganzen Service-Bund-Familie.

Allen, die mit ihrem Wissen zu diesem Buch beigetragen haben:
Lea Trampenau, Hendrik Maas, Markus Delfs, Dirk Ludwig, Heiko Antoniewicz

Florian Bolk und seinem Team für die Fotografie und Produktion.

Bruni Thiemeyer und Stephan Dürr vom Matthaes Verlag und Julia Bauer, Redaktionsbüro Küchenzeile, für die Umsetzung des Projektes.

Special thanks an Wolfgang Müller, ohne ihn wäre dieses Buch nicht so entstanden!

VIELEN DANK FÜR DIE UNGLAUBLICHE UNTERSTÜTZUNG!

VITA | LUDWIG „LUCKI" MAURER

Ludwig Maurer ist der jüngste Spross einer alteingesessenen Gastronomen- und Wirtsfamilie aus Bayern. Mit 15 Jahren erlernte er den Beruf des Koches.

Nach einigen Stationen in diversen Restaurant- und Hotelküchen Deutschlands absolvierte er an der Hotelberufsschule Viechtach die Ausbildung zum Hotelfachmann und später den staatlich geprüften Küchenmeister an den Eckert Schulen in Regensburg.

Bereits 2003 trifft er mit seinem kulinarischen Ziehvater Stefan Marquard zusammen, mit dem ihn bis heute eine tiefe Freundschaft verbindet und für den er über 10 Jahre viele Veranstaltungen in führender Position umsetzte. In diesem Rahmen bereiste er ganz Deutschland, die Schweiz, Dänemark, Ungarn, Griechenland, die Türkei und Australien.

2007 startete Ludwig Maurer mit seiner Frau Stephanie als Vorreiter in Europa die Zucht von Wagyu-Rindern auf ökologischer Basis. Sie gehören zu einer der exklusivsten Nutztierrassen der Welt. Die Maurersche Zucht umfasst mittlerweile über 60 Tiere. Außerdem betreibt er das Catering-Unternehmen Ludwig Maurer 's MEATing Point.

Magazine wie „BEEF" und „Rolling Pin" greifen auf Luckis umfangreiches Wissen als Fleischexperte und Foodstylist zurück, er verfasst exklusiv Rezepte und komplette Strecken über das Zerlegen und den „richtigen" Umgang mit Lebensmitteln.

Zu seinem Spezialgebiet Fleisch und der ganzheitlichen Verarbeitung gibt er Praxisworkshops für Köche in deren Betrieb und unterrichtet Fachpraxis für Küchenmeister.

Neben der langjährigen Zusammenarbeit mit Stefan Marquard arbeitet er regelmäßig mit Spitzenköchen wie Wolfgang Müller, Otto Koch, Frank Buchholz und Heiko Antoniewicz.

Das fundierte Wissen und den Respekt gegenüber dem „Leben"smittel Fleisch hat er vor allem von seinem Vater Josef Maurer, einem passionierten Koch und Landwirt, gelernt und seit frühester Kindheit verinnerlicht. Ludwig Maurer ist Mitglied im Fleischrinderverband Bayern und Beiratsmitglied im Wagyu-Verband Deutschland.

"LUCKI"
LUDWIG MAURER

DAS TEAM

WOLFGANG MÜLLER

Die Vita des Küchenmeisters und gelernten Metzgers ist mit hochkarätigen Auszeichnungen gespickt: Vom Gewinn des deutschen „Prix Culinare de Taittinger" bis hin zur zweifachen Verleihung des „Five Star Diamond Award" und auch dem „Prix Culinaire des Regiones Europeanes" erkochte er zwei Michelin Sterne sowie 18 Punkte im Gault Millau für das Restaurant „Imperial" sowie 15 Punkte im Gault Millau für das „Schlossrestaurant auf der Bühlerhöhe" bei Baden-Baden. Im Anschluss eröffnete er in Berlin die Restaurants „Adermann" und „Horvarth", beide mit einem Stern im Guide Michelin ausgezeichnet. Neben seiner Aufgabe als Autor und Foodstylist des eigenen Kochbuchs „Schwein", war er auch für das Foodstyling zahlreicher anderer Kochbücher zuständig, unter anderem für die Bücher von Ralf Zacherl. Daneben arbeitet er als Foodstylist für namhafte Magazine sowie den Le Schicken Verlag. Aber damit noch nicht genug: Mit seiner Firma "Feinkost Müller" bietet er Hausmacher-Wurstspezialitäten in „High End"-Qualität an. Man findet ihn in Berlin im neu eröffneten Cook´s Connection.

SEBASTIAN VÖLKL

Der studierte Sozialpädagoge hat seiner Leidenschaft folgend das Hobby zum Beruf gemacht: Zahlreichen Küchenjobs neben dem Studium folgte eine Ausbildung bei der legendären „Jolly Roger Cooking Gang" von Stefan Marquard und Wolfgang Weigler. Darüber hinaus sammelte er Erfahrungen im Regensburger Gourmetrestaurant „Lessing" (2F im Feinschmecker) und in der Bäckerei seines Großvaters. Als Küchenchef von Lucki Maurers Cateringfirma MeatingPoint bereiste er schließlich ganz Deutschland und Europa. Seit Juni 2013 betreibt er sein Restaurant "Jedermann" in einem Dorf in Niederbayern. Er verfolgt eine dem Qualitäts- und Nachhaltigkeitsgedanken von Lucki Maurer naheliegende Küche der wirklichen Saisonalität und größtmöglichen Regionalität.

MICHAEL RIEDL

Lucki Maurers alter Jugendfreund und Banknachbar ist heute seine rechte Hand. Nach der gemeinsamen Berufsschulzeit und einer Kochlehre im „Steigenberger Hotel zum Sonnenhof" in Lam, verfolgte er verschiedene Stationen: Nachdem er im „Bischofshof am Dom" in Regensburg und anderen Restaurants in feinstem Kreise Erfahrungen gesammelt hatte, bekleidete er für 9 Jahre den Posten des Küchenchefs in einem renommierten „À la carte"-Restaurant in Saas Fee in der Schweiz. Wieder zurück in Bayern übernahm er die Stelle als Sous-chef im 5-Sterne-Wellnesshotel „Bayerwaldhof" in Liebenstein und gleichzeitig Verantwortung in Luckis Cateringfirma MeatingPoint. Nebst organisatorischen, koordinativen und kochtechnischen Aufgaben bei MeatingPoint, gründete er zusätzlich seine eigene Firma, die „HillbillyFoodCrew".

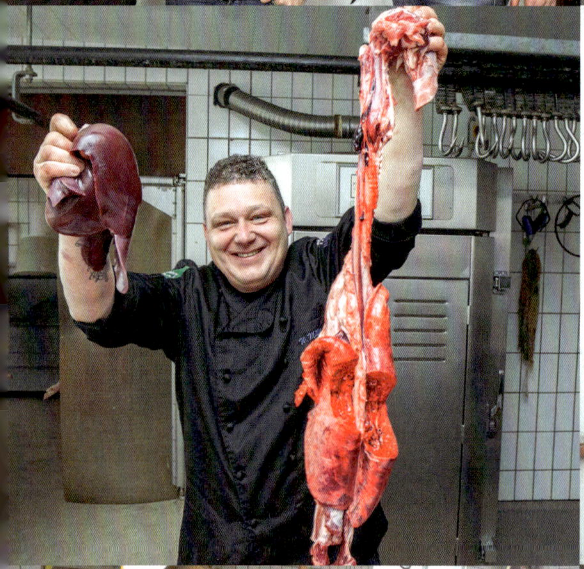

ALPHABETISCHES REZEPTREGISTER

REZEPTE RIND

REZEPTE SCHWEIN

REZEPTE WILD, LAMM, ZIEGE, KANINCHEN

GRUNDREZEPTE SAUCEN UND FONDS

IMPRESSUM

ISBN 978-3-87515-093-3

Kreationen: Ludwig Maurer, Rattenberg
Fotografie: Florian Bolk, Berlin
Projektmanagement: Stephan Dürr, Stuttgart
Lektorat: Redaktionsbüro Küchenzeile, Julia Bauer, Berlin

Gestaltung und Satz: Le Schicken, Berlin
Umschlag : Büroecco Kommunikationsdesign GmbH, Augsburg
Repro: Schwabenrepro, Stuttgart

Printed in Germany

BILDNACHWEIS

© **55Grad:** S. 250 | © **Bernhard Stelzel:** S. 156 | © **Fleischrinderverband e.V.:** S. 21 | © **Frank Bauer:** S. 34, 35, 36, 37 © **Luma Beef GmbH:** S. 252 | © **M. Riesberg:** S. 19 | © **Nesmuk GmbH & Co. KG:** S. 254 | © **OTTO GOURMET:** S. 14 © **Schultes:** S. 19 | © **Service-Bund GmbH:** S. 248 | © **Winhard:** S. 19 | © **Zentralverband Deutscher Rasse-Kaninchenzüchter e. V.:** S. 25 | © **Fotolia:** Achim Köpf, Jorge Cano, mica, countrypixel, Robert Kneschke, Werner Hilpert: S. 23 | Axel Gutjahr, lightpoet: S. 25 | Bergé: S. 168/169 | jarcosa: S. 110/111 | © **Fotosearch:** Corbis: S. 23 © **iStock:** bravajulia: S. 25 | Edward Westmacott: S. 23 | © **shutterstock:** Budimir Jevtic, Edith60: S. 28 | aleksandr hunta S. 244 | ChameleonsEye: S. 244 | Oleg Golovnev: S. 8